U0274890

就需要对应几千份合同加几千份保密协议，如此巨大的工作量，几个月都未必签得完。而使用共享协作机制，X公司只需将参数公布，就能在几个月的时间内让智能手表获得几千个软件。仅将强大的动员力看作分享协作机制的优势，就会低估这种机制的作用。

如果在11月1日这天，X公司宣布取消这款智能手表的发布计划，会出现怎样的局面呢？那些夜以继日分析参数、调试接口、修改漏洞的团队和个人定然不会到X公司抗议，更不会去起诉X公司违约。因为交互世界的协作宗旨是双方自愿自发，X公司自愿将参数公布，开发者勾选了"我同意"，就表示这是一种自发行为。双方没有互相承诺为彼此负责，这种模式建立在分享协作机制下而，即"我分享，你协作"。

如果一个月后，X公司宣布要发布一款全新的智能手表，软件公司、开发团队或个人定然会再次自发开发软件，而且开发者不会比第一次少，因为人们都不想错过进入X公司生态圈赚钱的机会。

讲到此处，你或许已经发现了分享协作相较于分工合作的可怕之处——分享协作的动员力异常强大，而且可以完全不负责任。因此，分享协作的特点可以总结为九个字："不主动，不拒绝，不负责"。

二、边际效益递减与边际效益递增

边际效益是边际收益与边际成本的差额。具体来说，边际效益就是销售方在市场上多投入每一单位产量所得到的追加收入与所支付的追加成本之间的差额。当追加收入大于追加成本时，卖方会扩大生产；当追加收入小于追加成本时，意味着卖方在亏损，必然不会扩大生产。

基于分工合作和分享协作的边际效益也在向着完全相反的方向发展，因此分工合作的边际成本要高于分享协作的边际成本。

1. 交换世界的边际成本递减

甲开了一家火锅店，因为价格公道、口味独特、服务精致，很快就在当地市场站稳了脚跟，当年纯利润达到 100 万元。为了实现连锁扩张的目的，甲开了第一家分店，新店年盈利 80 万元；接着，又开了第二家分店，新店年盈利 60 万元；随后，又开了第三家分店，新店年盈利 20 万元。后来，甲开了第四家分店，新店年利润却亏损 20 万元。于是，该火锅店的扩张就此停止。

边际是新增的新增，新增一家店铺带来的新增收益就是该火锅店的边际效益；如果边际效益为零或负数，扩张就会停止。传统的交换世界的边际效益都有一个上限：企业若想维持边际效益为正，就必须将扩张控制在一定的范围之内。

2. 交互世界的边际效益递增

假设全世界只有乙拥有一部手机（只能打电话和发短信），那么即使该手机具有即时移动通信功能，又有什么用？不能用这部手机和任何人联系，对乙来说，手机就是无用的东西。但是，如果世界上有 10 万人拥有手机（只能打电话和发短信），乙的手机就能发挥作用了，他可以加入由这 10 万部手机组成的网络中，享受网络带来的好处。

虽然每部手机的功能只是打电话和发短信，但 10 万部手机组成网络——这个单位新增的变化，会让网络本身的作用变得更加强大。也就是说，虽然每部手机的功能依然是打电话和发短信，由其组成的通信网络却能发挥巨大的作用，即"整体大于部分之和"。随着网络越来越大，每新增一个节点带来的效用增加也会越来越大，这就是边际效益递增的网络效应。一句话，在交互世界中，随着网络范围的不断扩张，加入到网络中的参与者能够让原本的参与者和自身都享受到更大的便利。

现在多数成功企业还处在交换世界中，不愿意面对时代变迁的必然趋势，多数创业者的思维仍停留在交换逻辑里，执着于即将被时代抛弃的运营模式。企业家和创业者必须看到交互世界的规律，加入并扩大网络，主动拥抱数字化，参与到与未来接轨的数字经济蓝图中。

第二节　技术发展：数字技术断层线与时代新趋势

诺贝尔经济学奖获得者保罗·罗默的"内生增长理论"强调：

知识是一种非减少性的资源，可以通过分享和交流增加，而不会像其他资源那样被消耗和减少。打造学习型组织，就是为企业不断积累资产的过程。数字化时代的创业企业需要有更多的原创精神，建立知识信仰和技术信仰，按照数字时代的基本规律做事。

任何技术都源自人类能力的延伸，技术的应用提高了人们改变世界的能力。对比信息技术和数据技术的不同，我们可以发现：信息技术提供的是超越时空的信息传播，数据技术是在数据分析和数据挖掘的基础上针对数据的精准匹配。

如今，人类正在进入数字化时代，数据技术也在以不可逆的趋势革新着信息技术。为什么说是"革新"，而不是"替代"？因为从本质上说，数据技术是一种信息加工技术，要在信息广泛传播的基础上才能实现，但从信息传播到信息深度加工的变化是极深远的、具有颠覆性的。

人类处理信息的器官是大脑，而作为信息处理技术的数据技术将要"改变"的是人们的大脑，更确切地说是升级人类大脑的思考能力。

目前，大数据技术还处于起步阶段，但我们已经能从方方面面感受到大数据的威力。比如，为了提升销量，电商平台通过分析用户在平台上的购物习惯来分析用户需求，向用户精准推荐产品和服务；微信程序用数据分析用户的习惯和偏好，极大地提升了精准推送的广告的点击率和转化率；生产制造型企业通过分析数据发现了各种产生资源浪费的环节，借以优化生产工艺、排产计划，提升资产利用率，提高周转率，使生产制造更加智能；贸易型企业研究用户购买数据，分析出哪些产品更受欢迎，就能以精准采购实现供需的精准对接……

以互联网为基础的数据技术改变了现代生产方式与经济价值驱动力，向数字时代的转型使全世界正沿着数字技术断层线发生变化。技术断层是未来五年到十年将会发生的现象，它将定义数字时代的重要技术趋势。可以预期，渐进式的技术改变必将对社会产生指数级的影响，也将导致社会结构发生重大变化。目前看来，数字趋势还未明朗，但其一旦与正在进行的其他关键断层线变化结合到一起，就会产生变革性的协同作用。

数字时代，个人只要用一部智能手机连通互联网，就可以收集信息资源、生产信息产品，并在全球范围内进行发布。这就为社会流动创造了极大规模的、呈指数级增长的机会。现在，任何人都可以在全球任何地方创建和出售资产。这就为可以访问互联网的人提供了创造财富与获得安全保障的机会。

数字时代的工作原理非常符合"梅特卡夫定律"，即网络的价值与用户数量的平方成正比。也就是说，加入网络的人越多，网络的总价值就越大。如今，全球经济中的很大一部分已经对世界的数字性形成了依赖，但这远非数字时代的图景，因为截至2021年，全球仍然只有一半人可以持续访问互联网，还有一半人不能经常或根本不能上网——但这部分人可以贡献数据能量，具有极大的挖掘潜力。在接下来的十年中，正在建设的技术基础设施会让剩下的一半人绕开影响互联网接入的传统障碍。

随着星链（Starlink）等卫星互联网提供商的规模化，以及加密货币资产等去中心化基础设施的成熟，我们可以预测，另一半人也将上线，数字时代经济价值的指数增长趋势将继续加速。

未来数据技术的巨大价值体现在数据无所不包、信息无所不知、知识无所不晓、智能无所不能四个方面。同互联网技术发展至今所经历的三次迭代（第一次是信息的单向传播，第二次是信息的双向传播，第三次是信息的精准传播）一样，数据技术也将经历代际更新，我们将其暂定为三代，具体如下。

第一代，人类指挥计算机进行"思考"。目前，数据技术就处于第一代，通过人类的各种算法和模型，产生人类对世界新的认知。关键要素是数据、算法和算力，公式为：未来智慧 = 数据 × 算法 × 算力。数字化企业可以采用高效的数据采集、传输和处理设备，建立数据中心，对数据进行深度分析，为生产、经营、管理和决策提供全方位支持。而不断积累数据的过程也是不断积累算法和革新算力的过程，企业的核心竞争力将不断提高。数据、算法和算力这种核心竞争优势在短时间内无法被他人获取，即使验获取后也很难被复制，因此是一种可持续的、独特的竞争优势。

第二代，计算机指挥计算机创造智慧。人类创造算法存在一定的效率问题，因为人类需要吃饭和休息，而被数据技术武装的计算机则无须休息，可利用数据技术实现数据的自动和智能采集，其算法将不间歇地迭代和优化。目前，已经出现了第二代产品的雏形，如下棋机器人、智能机器人、无人驾驶车辆等。

第三代，用数据技术武装的机器人与人类一起思考。目前，对于该阶段的数字技术仍处于理论阶段，但可以肯定，无论在情感方面，还是在创新方面，未来计算机和人类必将深度融合，新的"超人类"机器人将会出现。

第三节　知识管理：数字时代企业经营的核心是知识

数字时代，企业需要建立一个知识系统，以记录全球同行和关联行业的知识进展。要想找到自己的位置，经营者需要将拥有独特的知识、构建独特的知识资产作为自己的目标。知识管理需要分清别人在干什么以及自己在干什么，不仅要有大图景思维，还要有管理知识大图景的经验。

知识管理的英文是 knowledge management，简称 KM。与工业时代和信息时代相比，在数字化时代，volatility（易变性）、uncertainty（不确定性）、complexity（复杂性）、ambiguity（模糊性）正在成为世界的常态，无论是企业还是个人都面临极大的冲击。前所未见的人员流动和工作变迁，以及更多远程工作方式的出现，让企业在选择并保留具有知识经验的人才方面变得更加被动。但在数字时代，知识和经验无疑是最宝贵的，如何进行知识管理并将知识管理进行得好，关乎企业的生存与发展。

信息从业者需要建立自己的数字化知识收集系统，用于清洗数据，提炼知识，分析对手;面对应用，要找到创造独特知识的机会。期望实现智能交互、智能搜索、精准问答的企业必须从以文档为中心的内容管理，转向以创建和维护作为人工智能基础的组件化系统的知识管理。

如今，一些拥有出色知识管理系统的企业已经认识到，收集知识文档需要打破知识管理竖井，建立知识之间的内在联系。企业知识结构化涉及机器学习和人工提示的过程，数据内容管理组件化是实现这一目标的有效方法。原来，企业所谓的知识管理，就是让员工将自己的工作心得和工作成果通过图文和多媒体的形式记录下来，放置到企业的知识系统中，然后由企业级的人工智能对数据进行融合，形成企业级的数字学习体系。现在这种知识管理方式在企业里被普遍采用，其主要功能就是保持企业知识管理的连续性，即使有人员变动，也不至于出现知识断层。比如，企业对大客户服务的十年服务记录完整地记录了人、事、物及服务过程。

知识管理的数字化基于整个互联网上的所有公开数据和非公开数据进行智能化学习，发展企业的智能算法系统，处理和"喂养"垂直型的人工智能。这些人工智能可以不断地自我迭代，实现人和人工智能的协同工作。

数字时代的知识管理需要将人工智能作为工作的伙伴，而不再是工具。知识管理离不开一定的技术支持。下面介绍当今最重要的三项基于数字化的知识管理组件化技术。

一、知识图谱

知识图谱是 2021 年"KM World 论坛会议"的第一主题，被认为是数字时代知识管理的关键要素。

知识图谱是一种组织知识领域内人和机器都能理解的知识表示方式，是对组织的知识资产和数据的集合语义表达。一个有效的知识图谱可以进行多个人工智能项目，比如：聚合多个来源的信息，提供有意义和可解释的推理建议，通过知识卡片增强搜索，支持智能问答机器人和预测分析等。

知识图谱改变了人们对信息的存储、管理和访问等的方式。在应用程序中存储信息的传统方式是"楼房式"的——信息被一层一层地累积起来，需要某种信息的人要访问集成门户网站并在其中逐层查找。利用知识图谱存储信息相当于在企业的所有信息中搭建一个"知识中台层"。该平台是"平房式"的，知识图谱会将对信息有需要的人自动引导到其所需要的信息层。

二、语义搜索

统计调查结果显示，规划和实施知识管理的企业中有 90% 以上组建了高性能的企业搜索系统。

企业搜索领域最新的发展是基于知识图谱的语义搜索，具体是指知识图谱通过在知识卡片中显示重要信息的聚合结果增强搜索能力。

负责知识管理的专业人员一般掌握着丰富的数字化新技术，更容易获取、存储和分析信息，但他们还需要一个统一的门户入口，以便查找和处理这些信息。

基于数字技术的新知识门户可以将内容管理、企业搜索、元数据存储和知识图谱等集成到单个门户页面中，而该门户页面可以成为信息需要者在整个企业中查找信息的焦点。

新知识门户还可以呈现由知识图谱动态构建的聚合知识页面。例如，某信息需要者如果想查看某特定用户的全部信息，知识图谱就能聚合来自销售、客服和其他系统的该特定用户的相关信息，提供关于该特定用户的整体信息视图。同样，这种方法也可以用于企业经营过程中的人员、产品或对常规流程的查询。

三、元数据目录

元数据目录是关于整个企业内容的中央信息库，既是存储关于内容的元数据，也是指向其所在内容的指针。对于那些在不同的地方都有业务项目且不容易管理的企业来说，这是一个很好的工具。

例如，某企业培训部门在四个不同系统中拥有超过 1000 项学习内容，在学习管理系统中有课程，在 PowerPoint 中有演示，在哔哩哔哩中有视频，在 Adobe Experience Manager 中有 Web 内容。传统的查找方式是"各归各家，各找各妈"，哪里有内容就进入哪里进行查找。元数据目录的查找方式则是"天下是一家"，该培训部门只需使用单一应用查找和访问这些内容即可。因为所有的内容都会被同步到元数据目录中，使用具有自动标记功能的分类管理系统可将元数据添加到内容中。

这个单一应用就相当于一个"访问证书"，该培训部门不仅可以将课程映射到证书中，还可以确定企业中特定的工作岗位需要哪些课程。

综上所述，因为数字时代的易变性、不确定性、复杂性和模糊性趋势愈加强烈，使得知识管理比以往任何时候都更加重要。新创企业必须实施知识管理，并运用最新的知识管理技术（如上面提到的知识图谱、语义搜索、元数据目录等），以支持数字化时代的知识管理计划。

第四节　个体机会：人人获益的美丽新世界

数字化社会是解放个体，还是束缚个体，主要取决于个体获得新知识、更新知识的速度。使用这个时代最有力量的工具，建立完整的知识模型，以解决某类问题，是对数字化创业者的基本素质要求。数字化创业者的学习思路是基于问题导向和目标导向学习，而不是无方向学习。

传统意义上的生产资料包括土地、厂房、机器、工具、原材料、劳动等，传统企业提升生产的逻辑是降低生产资料的支出，同时加大工作量。数字化企业的生产资料则比较特殊。有一种激进的说法，数字时代的生产资料只有一项，那就是数据；数字化企业提升生产的逻辑是通过数字化将生产资料变成数据，产生新的生产资料，数字驱动的组织就像工厂依赖厂房和机器一样依赖数据资源。

生产资料的变化使生产关系发生了变化，而生产关系发生变更的直接结果就是人人皆可获益。知名投资人蔡文胜认为，公司组织不能只让少数股东受益，企业应该拿出一部分资源分配给诸如游戏平台的参与者。理由是陪玩的过程也能生产数据，这些数据经过提炼后，就能成为企业的决策依据，因此，所有的参与者都应该获得收益。

当今世界，大数据已经对各行各业产生了广泛影响，不仅让人们的生活和工作变得更加便捷，也在重塑着人们的生活、工作和思维方式。例如，以娱乐和生活资讯为主体内容，依托于智能化数据分析系统，为新兴市场受众提供精准内容分发服务的 App 平台不仅能准确地向用户推送其喜欢的广告，还能让用户直接接单看广告赚钱。在不知不觉中，用户就通过自己的注意力赚到了钱。

未来，数字化和智能合约的结合将成为人类最好的助手。一个人既是生产者，也是消费者。以数字化确权建立新的分配机制必将成为人们通过各种渠道获益的方式。因此，随着数字技术的进步，世界、企业和个人三个层面的利益也得到了兼顾。

在世界层面，数字化是解决当今许多迫切需要解决的全球性问题的不可或缺的重要方式，未来将变成唯一的方式。数字化能帮助人类更好地应对全球性的气候变化、经济危机和各类难题。

在企业层面，通过数字化建设与转型，越来越多的企业实现了数字化经营，社会的整体运转效率将持续获得提升，最终实现优质资源的普惠分配及使用。

在个人层面，数字化将带给个人超乎想象的生存体验，个人将依靠数字化在与企业的共生中获益，并在数字化的进程中形成人人皆受益的局面。

一、个体崛起

数字化浪潮下，每个人都可以清晰地感受到信息爆炸的影响。人们早已不满足于从官方平台获取信息，同样，也不满足于仅仅拥有获取信息的权利。数字化给予每个人一项公平的权利，即拥有自己发表意见的平台，并通过在平台输出信息而获取收益。

自媒体的爆发式涌现从根本上改变了媒体世界的版图，传统媒体日渐式微，整个媒体行业却愈发生机盎然。自媒体的崛起让个体完成了从"信息接收者"向"信息输出者"的转变。

信息输出的方式多种多样，从最早的文字输出、图片输出，到如今的音频输出、视频输出。直播行业以低门槛、高回报等特点吸引了大量年轻人进入，无论是第一批"吃螃蟹"的勇敢者，还是后来踏上征途的跟随者，都在直播领域搏击新兴的创业风浪。

数字时代，人人公平被极度放大，许多旧有的限制不复存在，人人都能把网络主播当成谋生的职业。喜欢唱歌的直播唱歌，喜欢跳舞的直播跳舞，老师直播讲课，学生直播写作业，商人直播商品，匠人直播作品，受过伤的人直播感悟，摔过跤的人直播经验，没什么特长的可以直播吃饭、睡觉，只要不违法，凡事皆可播，而且所播之事只要有卖点，就会有人买账。原本普通人通过奋斗获得阶层跃迁的路径是很窄的，但直播领域这条路被极限放大，自媒体给个体提供了一个信息输出的机会，也给个体创造了一个表现自我并从中获利的机遇。

二、自主领衔

个体崛起的另一种表现形式是凡事都可自主化，这是成本不高的自主创业，甚至可以实现"一键创业"。阿里巴巴推出的"淘小铺"就是"一键创业"的最好代表。一个人只要拥有淘宝账号，就能拥有一家小铺。小铺经营者只要将商品分享给他人，他人即可直接通过链接购买，小铺经营者不需要自己代购和囤货，这种模式省时省事省力，却能赚钱。

此外，个人还可以微商形式创业，只不过如今的微商较之前的微商已经不同了，其在数字化背景下产生了细微却关键的差别。

早期微商分为代购类微商和代理类微商。前者通过在朋友圈分享商品的使用体验，使微信上的好友产生兴趣，自己通过为好友代购获得利益；后者的背后则有一定规模的卖家团队，是一种更加专业的微商营销方式。彼时的微商要么需要满足买家的需求，要么拥有能够拿到货源的渠道，虽然这两个条件都不算苛刻，但许多人依然被挡在门外。

数字化微商脱胎于分享经济模式，因其将社会的各种分散资源平台化、协同化地聚集、复用与供需匹配，故创造出了新的经济与社会价值。分享经济的两个核心理念是"使用而不占有"和"不使用即浪费"。具体运营模式是：个人通过社会化平台分享闲置实物资源、碎片时间、认知盈余，以更高的效率与更低的成本实现经济剩余资源的供需合理匹配。

数字时代，共享经济商业模式已经成为自主创业的另一种方式。平台和个体不再是以往的雇用和被雇用关系，而是一种深度合作关系。个体只要合理运用自己的数据、社交关系与时间，就能与平台商家达成合作，将所分享的内容变现。

数字时代，个体对组织或平台的依赖程度越来越低，组织或平台对个体产生了一定的依赖。因此，个体的机遇不断扩大，实现了真正意义上的崛起，社会也因个体的崛起而产生了越来越多的可能性。

第五节 未来趋势：数字化镜像
实现万物透明

2017年，SpaceX公司准备发射重型火箭——"猎鹰"。不过，这次发射与其他航天飞机的发射截然不同。当指挥员按下发射键时，既没有火箭升空的轰隆巨响，也没有到处散落的火花，更没有喷涌而出的浓烟，一切都是风平浪静的，地面上也没有火箭升起。

原来，控制中心的所有人正神情专注地看着面前像墙一样大的屏幕，屏幕上有一个非常轻巧细致的火箭仿体正在缓缓升起。对于一般观众来说，这可能就是一个电影情节或者游戏过程，但对于控制中心的人来说，这和真实的火箭发射并没有什么区别。

SpaceX所使用的技术叫作"数字孪生"。数字孪生是一种虚拟模型，可以准确反映物理对象。简而言之，就是利用数字科技手段，复制出一个物理状态物品的数字化形态（数字化镜像），通过数字化的方式对其变化进行推演。经过融合后，数据就会形成庞大的物联网体系，实时产生、实时分析，涵盖万事万物（好比将万物透明化）。

一、数字孪生体

其实，除了上面的表述，数字孪生还有一层意思，即具有孪生关系的物理实体、数字虚体，可分别称作物理孪生体、数字孪生体。在默认情况下，数字孪生亦指数字孪生体。

传统建模是将情境进行线性呈现，可以实现一些人为设定好条件的模拟演示操作；数字孪生则需要借助数字主线（贯穿整个创新环节，形成一个集成体，而非简单的模仿体）关注物理孪生体的动态变化。

美国《航空周报》曾在 2016 年预测：到 2035 年，航空公司每买入一架飞行器（不仅包含飞机，还可能包含比飞机更先进的载人飞行器），制造方将同时提供一份内容非常详细的数字孪生体。那时，每架飞机都会有一个留在屏幕上的双胞胎兄弟。在执行飞行任务时，无论出现任何问题，都可以由"双胞胎兄弟"运用数字技术进行最大限度的实时模拟，这样就能极大地降低人工检修成本，并避免冒险造成的飞行事故。即使飞行器还未制造出来，数字孪生体也可以先行设计出来，通过采集到的数据信息模拟飞行器的飞行过程。上面提到的 SpaceX 公司发射的虚拟火箭就是一个典型的例子，准确地说应该是"数字孪生体"火箭，它的每一个运行指标和数据都对接下来的实际发射起着重要的参考作用。

二、镜像生活

数字孪生介入城市系统后，我们就会拥有一个"数字孪生体"的城市，物理世界的城市会变成数字孪生城市，而出现在中控系统的屏幕上。

通过孪生城市，我们能清晰地了解城市运作过程中的各个角落，并通过数据分析进行决策。例如，智能中枢可以利用人们交通出行、商业活动、分布密度等数据，实时分析、规划和管理城市，用互动模式模拟城市的各种不同场景，帮助城市升级全局规划。

如果你认为孪生城市的概念过于超前——指不定哪一天才会出现，那么如今一些借助人工智能、AR、VR技术的复制现实场景已经出现了。例如，你可以戴着VR眼镜在家里真实地"逛商场"，也可以戴着VR眼镜在家里参加一场真实的招聘会。这种跨时空体验的方式仅仅是数字化镜像的一小部分功能而已。

三、万物透明

在数字化镜像世界中，最了解我们的将是数据和算法，而借助数据和算法，一切都将会直观地呈现在人们眼前。

如今，数字化初具雏形，距离完整的数字化镜像还有一段不短的路要走。但在未来的数字化镜像世界中，远程操作和辅助命令都会成为生活和工作中的必备关键词，甚至每个人只要一出生就会生成自己的镜像，通过模型演算生成一个数字人，上传传感器数据，你只要使用设备，就可以查看自己身上任意器官的健康状态（好像人体变得透明起来）。

不过，虽然在大数据时代我们隐约感到自己的一切好像都被互联网掌握了，数据安全成为和数字经济发展同等重要的事情，就像工业废气会污染大气、塑料制品会污染土地一样，新技术的出现也会导致新危险的产生，但这并不能阻挡科学技术的进步，数字化的未来依然不可阻挡。未来，从认知世界的方式到现存世界的模样都会发生变化，我们的行为也会被转化为数据，继续为世界发展做出贡献。

第二章　数字化创业的进化之路

改革开放以来，中国经历了几次创业浪潮。数字化创业也经历了自己的进化之路：传统创业阶段—PC互联网阶段—移动互联网阶段—产业互联网阶段—全真互联网阶段……一波又一波的"弄潮儿"前赴后继，迸发出惊人的突围能力。回看这段进化之路，既能看到"孤胆英雄"的逻辑，也能看到"数字化智慧组织"的未来。正确理解数字化创业的进化之路，是新旧创业者的认知分野，只有跳出时代的局限性，数字化创业才可能取得成功。

第一节　传统创业阶段——孤胆英雄的时代

改革开放以来，我国一共经历了四次创业浪潮。在这几次创业浪潮中，社会、经济、科技、政策环境等均不同，从这个意义上说，创业浪潮与政策导向、资金流向、科技发展和社会刚需有一定的关系。

随着社会的不断发展，新兴创业者纷纷登场：从个体户到合伙人，从小商贩到创客……创业者一直都是推动经济发展的主力军。

如今，我们正在迈入——确切地说是一只脚已经迈入第五次创业浪潮。这是一次"从旧有到新有"的过程，即用全新的商业模式覆盖旧的商业模式，这与以往的几次创业浪潮截然不同。

一、前两次创业浪潮

第一次创业浪潮——1979—1988 年：个体户"爆发"。

此次创业浪潮始于 1978 年的第十一届三中全会。1979 年 2 月，中共中央、国务院批转了第一个有关发展个体经济的报告，允许"各地可以根据当地市场需要，在取得有关业务主管部门同意后批准一些有正式户口的闲散劳动力从事修理、服务和手工业等个体劳动"。"个体户"一词自此出现。封闭已久的经济体对物质的渴望被激活，风光无两的致富带头人"万元户"闪亮登场，我国第一批企业家"倒腾"出了人生"第一桶金"，王石、任正非、张瑞敏、尹明善、宗庆后、左宗申等企业家借助时代的机遇，成就了各自的非凡事业。

第二次创业浪潮——1988—1997 年：下海潮，扔掉"铁饭碗"。

个体经济为人们打开了新天地，市场经济迅速席卷全国。真正的全民经商潮始于这个时期，最典型的事件就是"国企员工下海"。20 世纪 90 年代的前两年是全面经商潮的预热期，1992 年年初我国改革开放总设计师邓小平发表南方谈话，指出计划和市场都是经济手段，明确提出"三个有利于"标准，彻底打破了人们的思想禁锢，激发了人们跳出体制、投身市场经济的巨大热情。

据人社部数据，1992 年全国共有 12 万名公务员告别"铁饭碗"，"下海"，1000 多万名公务员以办理停薪留职的方式"下海"。

这一代创业者中诞生了俞敏洪、郭广昌、王传福等业界大佬，他们创立的企业逐渐发展壮大，为我国经济竞争力的提高奠定了基础。

二、不同的创业主角

纵观前两次创业浪潮，创业主角不同，创业方式也有不小的差别，但都处于传统创业阶段，是孤胆英雄唱主角的时代。

第一次创业浪潮中的主角多是"草根英雄"，甚至在 1984 年农村承包责任制被引进城市工厂的改革以前，农民创业者占据大多数，渴望在经济上有所改善的农民成为改革开放后的第一批创业者。他们既没有资金、背景，也没有丰富的创业经历，多半是走街串巷卖点小东西或开间小铺子经商。例如，娃哈哈集团创始人宗庆后，人到中年才赶上这波创业机会——他最早的创业方式是蹬三轮车卖冰棍。以现在的眼光看来，当时他连个体户都算不上，只是个小商贩，可他最终却成了搞活民营经济的重要一分子，成了时代的弄潮儿。再如，宗申集团的创始人左宗申，30 岁时开了一间摩托车维修店，从个体户开始干起，经过不懈努力，逐渐将这家小店发展为世界级企业——宗申集团。

第二次创业浪潮中的主角大都是社会的主流精英。经历了1990 年的世界汇率危机、股市崩盘和严重通缩后，中国经济逐渐复苏，邓小平南方谈话给了中国人莫大的信心和鼓舞，让一些原本端着"铁饭碗"和"金饭碗"的人选择"下海"从商。他们都是社会各界的精英，在相对熟悉的领域铺开商业版图，获得迅速发展。

在那个时代，无论是草根创业者，还是精英创业者，都是创业征途上的孤胆英雄。他们凭借个人能力搏击商海，成功了就是时代的骄子，未能成功也并非失败者，都在时代的蓝图上画下了属于自己的一笔。

自此，我们不难发现这样一个规律：多数创业者无法超越自己的时代，地域经济对于第一代、第二代创业者的影响很大，从"地域即命运"到"数字化即命运"，显示了巨大的时代变迁。

第二节 PC 互联网阶段——个人网站的成功

第三次创业浪潮——1997—2010 年：互联网的天下。

随着经济体制的改变，人们的生存问题得以解决；科技创新也改变了人们的生活方式。中国的互联网"元年"于 1997 年开启，随后几年，搜狐、网易、新浪、腾讯、阿里巴巴、百度等互联网巨头相继崛起。

一、门户网站

1997 年 1 月，张朝阳创办爱特信 ITC 网站，次年 2 月在中国"克隆"雅虎，推出中文网页目录搜索软件——"搜狐"。

1997年6月，丁磊在广州创办网易公司，写出了第一个中文个人主页服务系统和免费邮箱系统。

1997年10月，王志东领导的四通利方获得第一笔风投，次年开办新闻频道并收购北美网站华渊资讯网，更名为"新浪网"。

1997年11月，中国互联网络信息中心（China Internet Network Information Center，CNNIC）发布的第一次《中国互联网络发展状况统计报告》显示，全国共有29.9万台上网计算机，上网用户数为62万。该中心此后形成半年一次的报告发布机制。

1998年，马化腾创立深圳市腾讯计算机系统有限公司。当时ICQ（一款即时通信软件）很火，QQ尚默默无闻。

1999年，马云创立了为中国中小企业服务的电子商务公司——阿里巴巴。

2000年1月1日，毅然辞掉硅谷高薪工作的李彦宏携搜索引擎专利技术回国，在中关村创建了百度公司。

从20世纪90年代末开始，PC互联网在中国出现，并迅速进入鼎盛时期。这段互联网的"原始公社"阶段，垄断尚未形成，整个互联网到处都是机会，个人网站的成功故事激励着年轻的创业者。

虽然经历了2000年"互联网泡沫"的惨烈溃败，互联网发展的步伐却并未减缓，巨头们顶住压力迅速崛起，成为我国新兴经济的代表。

随着门户网站从大而广的综合性阶段发展到小而精的细分阶

段，满足用户特定需求的平台开始涌现。例如，TOM 定位产品门户利用跨媒体战略在新闻、汽车、房产等领域发力。

二、社交平台

2002 年博客中国出现，标志着中国 Web2.0 时代的到来，用户分享、兴趣聚合、开放平台的概念日渐火热。各大门户网站顺势推出博客栏目，以关键意见领袖带动粉丝参与，SNS（social networking services，社交网络服务）、微博开始成为门户网站的标配，用户成为门户网站内容的生产者，信息传递由单向变为双向。

博客概念的横空出世为用户提供了一个发声渠道，以个体为中心的社交时代就此开启。

个体意识的不断觉醒推动了实时互动的社交模式。

2004 年，马克·扎克伯格创办脸书（Facebook）。

2005 年，腾讯推出 QQ 空间。

2005 年，人人网的前身校内网诞生。

2006 年，埃文·威廉姆斯创建的新兴公司 Obvious 推出了推特（Twitter）服务。

2008 年，以办公室白领用户群体为主的社交网站开心网诞生。

当初懵懂入场的网络创业者，到此时已经学会步步为营，懂得迎合用户的内心需求，也会合理利用技术的进步，将娱乐元素完美融入社交平台，将社交平台推到了全新的发展阶段。比如，曾经熬夜"偷菜""抢车位"（均为网络小游戏）的经历让很多人印象深刻，当时的社交平台如果不搭载一些让人喜闻乐见的游戏都不好意思入场。

三、团购

2008 年，Groupon 在美国上线，倡导一天促销一款商品，将有共同需求的顾客集中到一起，实现价格让利。该网站运营仅半年就实现了盈利，且迅速带动团购模式风靡全球。

2010 年 1 月，中国首家团购网站"满座"上线，提出"一日多团"新模式，正式开启了国内团购时代。

2010 年 3 月，拉手网一上线就率先获得高额风投，以营销广告带动网站用户规模迅速增长。

随后，各类团购网站层出不穷，"千团大战"顺势爆发。但同质化竞争激烈、运营过程的高额储备金，以及不明朗的盈利模式，为初创企业提出了资金难题。经过"千团大战"的激烈角逐，劣质企业被挤出市场，优质的综合类团购网站凭借强大的覆盖面脱颖而出，垂直团队网站凭借在某一领域的深耕布局获得发展，迅速搭建了团购网站的新格局。

中国从互联网元年（1997 年）走到新世纪的第一个十年（2010年），在短短十几年间，互联网的发展超乎想象，商业格局被成功改写。这个阶段的互联网仍是个人网站时代，创业者只是从传统行业的孤胆英雄变成了网络上的孤胆英雄，凭一己之力改变战况的情况不断上演。过了这个阶段，个人英雄主义才悄然退场，高度垄断正在形成，巨头时代来临。

第一次互联网革命给我国创业者带来了一次思维领域的刺激，也就是世界经济的估值体系和财富体系发生转移，转变为"数字财富"和"实体财富"分庭抗礼，抽象的财富变得更值钱了。

第三节　移动互联网阶段——
高度垄断的形成

第四次创业浪潮——2010—2020年：移动互联网背景下的又一次草根逆袭。

21世纪的第二个十年不仅是世界经济发展的重要阶段，也是中国经济发展的关键转型时期。在PC互联网阶段，虽然有了网络概念，但经济发展的总体模式没有改变，尤其是创业方式仍然是"传统模式唱主角，新兴模式唱配角"。如今的互联网巨头都是在传统创业方式下诞生的，随着经济和市场的变革，不断修正为新型企业，但在移动互联网阶段，经济发展完全脱离了常规认知，出现了一些崭新的创业方式，草根创业潮汹涌而至。

2010年6月24日iPhone 4成功上市，此后智能手机迅速席卷全球并普及开来。依托智能手机，全球在极短时间内构建了一个全新的、超级的新基础设施，比如：在效率上完全碾压传统银行的基础设施，让资金可以在互联网上自由流通，从根本上解决了电商的支付问题，彻底释放了电商的能力；在覆盖面上绝对碾压线下分销的基础设施，从技术上彻底战胜了线下商业，瓦解了传统商业的垄断地位。

因此，从 2010 年到 2020 年，一个以移动互联网为核心的新兴产业形态在全世界快速成长，并诞生了众多细分行业巨头。而这些巨头都经历了一个行业发展的窗口期——"风口"。风口的形成离不开五种驱动力的加持（见图 2-1）。

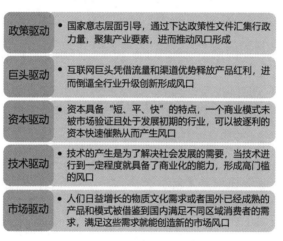

政策驱动	• 国家意志层面引导，通过下达政策性文件汇集行政力量，聚集产业要素，进而推动风口形成
巨头驱动	• 互联网巨头凭借流量和渠道优势释放产品红利，进而倒逼全行业升级创新形成风口
资本驱动	• 资本具备"短、平、快"的特点，一个商业模式未被市场验证且处于发展初期的行业，可以被逐利的资本快速催熟从而产生风口
技术驱动	• 技术的产生是为了解决社会发展的需要，当技术进行到一定程度就具备了商业化的能力，形成高门槛的风口
市场驱动	• 人们日益增长的物质文化需求或者国外已经成熟的产品和模式被借鉴到国内满足不同区域消费者的需求，满足这些需求就能创造新的市场风口

图 2-1　形成风口的驱动力

网络时代经济的一大特点就是风口的迭代速度非常快，平均每年一个风口，在资本的追捧下，只要花费三年时间，就可以验证整个行业的竞争格局。资本的疯狂涌入让每次风口的出现都伴随着一场白热化的商业大战（见表 2-1）。

表 2-1 商业大战及代表企业

年 份	风 口	代 表 企 业
2010 年	千团大战	美团、大众点评、糯米
2011 年	电商大战	淘宝、京东
2012 年	智能手机大战	华为、小米
2013 年	新闻客户端大战	腾讯、字节跳动
2014 年	网约车大战	滴滴出行、快的新出租
2015 年	O2O 大战	58 同城、赶集网、口碑网
2016 年	共享单车大战	摩拜、ofo
2017 年	办公协同大战	钉钉、企业微信
2018 年	短视频大战	抖音、快手
2019 年	在线教育大战	猿辅导、作业帮、学而思网校
2020 年	社区团购大战	盒马鲜生、美团优选、拼多多

从出现风口到促成商战，再到确定格局，整个演变路径是：首先，投入重金构建行业基础设施；接着，重仓头部选手，迅速获取用户抢占市场。成千上万的尾部创业者发挥教育市场的作用，在残酷的市场竞争中，最终脱颖而出的创业企业成为细分行业巨头。

一、微社交

2011 年，微信诞生。其依托手机通讯录同步技术，将用户的线下关系导入线上社交，发展仅两年，注册用户量就突破 6 亿人。

2012 年 12 月底，新浪微博的注册用户数超过 5 亿人，领跑当时中国的微社交平台。

移动互联网阶段，随着微社交日渐常态化，泛社交成为趋势，社交元素开始融入各行各业。随着社交与电商的紧密结合，微商出现。爱奇艺推出泡泡功能，体现了社交与娱乐的结合，通过打造社交互动圈子，提高用户黏性。

二、互联网金融

团购风口带来的网络消费观促进了线上金融需求的发展，互联网金融成为新的创业风口。

互联网金融是一种新型的金融业态与服务体系，是互联网技术与金融技术的有机结合，可实现资金融通、支付和信息中介等功能，主要涉及众筹、P2P（peer to peer）网贷、第三方支付、数字货币、大数据金融等多种发展模式。

2013 年被称为互联网金融"元年"，不少互联网企业借网络技术的发展和移动通信技术的普及走上了"占金"的道路，金融企业也纷纷"触网"，新型机构不断涌现，逐步形成了"传统金融机构＋非金融机构"的结构化布局。

《中国非金融支付机构市场季度监测报告 2015 年第 3 季度》显示，2015 年第 3 季度中国非金融支付机构综合支付业务的总体交易规模达 143 679 亿元，环比增长率为 17.8%。但同时，该年也被称为互联网金融"倒塌元年"，企业倒闭事件相继发生，乱象迭出，证监会、中国银行保险监督管理委员会出台一系列政策，充当"看得见的手"这一角色，利用市场规则和政策导向刺激互联网金融合规发展。

2016 年互联网金融发展较为平稳，网贷萎缩转型、众筹增速回落、移动支付洗牌，传统金融机构的技术类基础设施更加完善，互联网金融业务整体规模不断扩张，涌现了一些代表性企业跻身"独角兽"行列。《2016 年中国独角兽企业发展报告》显示，在2016 年中国"独角兽"企业排行榜中，互联网金融企业占"独角兽"企业总估值的 28%，占"独角兽"企业总数量的 12.3%，仅次于电子商务类企业。

三、O2O

2014 年，O2O（online to offline）开始在数字化创业领域崭露头角，餐饮、零售、家政等传统领域纷纷引入 O2O 模式，热情高涨的创业者们不断地用新商业模式改写着传统商业的格局。

百度、腾讯、阿里巴巴三大互联网巨头开始通过资本运作的方式布局 O2O 市场：百度重金投入糯米，以百度地图和轻应用双入口部署增加糯米流量；腾讯获得大众点评网 20% 的股权，并将其服务整合到微信，提供流量支持；阿里巴巴参与美团 B 轮和 C 轮融资，并自建口碑网介入 O2O 市场。此外，京东到家、58 同城、赶集网等众多电商平台也纷纷效仿，开始对 O2O 第一轮试水；再加上"把以互联网为载体、线上线下互动的新兴消费搞得红红火火"的政策支持，O2O 进入井喷式发展阶段。

互联终端、移动支付与数据算法等支持技术日臻成熟，O2O逐步由简单的顾客引流升级为服务型电商模式，餐饮、服装、医疗、生鲜、交通等各领域的 O2O 服务方式层出不穷。

O2O 平台想在激烈的同质化竞争中快速获取用户，抢占并巩固市场，需要不断地释放用户红利，一方面通过补贴快速聚焦分散性 C 端用户，另一方面通过高频次的参与体验逐步培养用户黏性。创业者不得不动用大量的人力成本进行持续融资和高额补贴，O2O 的市场规模被资本堆起来，滴滴在 77 天的推广期内"烧掉"了 14 亿元，快的打车也在同期"烧掉"了数亿元。

经过连续的商战，到 2015 年年底，O2O 市场增速放缓，不成熟的 O2O 企业被淘汰出局，平台型企业也逐步关闭鸡肋业务，如2016 年 2 月大众点评将上门服务精简，2017 年 2 月京东到家关闭上门服务。

概括起来，"熬过寒冬"的企业共有两大类：一类是以美团为代表的平台化企业，通过合并不断实现业务拓展，打造线上、线下多行业生态闭环，以绝对的流量优势抢占市场份额；另一类是以滴滴和饿了么为代表的垂直细分领域企业，强调精细化运营，讲究精耕细作，以提供高价值服务的方式解决用户实际痛点，把现有流量价值最大化。

四、共享经济

在 O2O 大战如火如荼之际，悄然酝酿多年的共享经济在 2016

年爆发，标志性事件是摩拜单车在当年上线。摩拜一入场，就与前一年启动的ofo（小黄车）展开了白热化的用户争夺战。

其实，在2015年，中国互联网共享经济的行业规模就已突破2万亿元，主力军是交通出行和住宿领域。共享经济与人们的生活密切相关，人们的共享观念逐渐形成，而提升的共享观念又反过来催生了共享经济的常态化发展。

《中国共享经济发展年度报告（2018）》显示，2017年共享经济市场交易额为49 205亿元，较2016年增长了47.2%。虽然发展至今共享经济也经历了高速发展与低谷洗牌的阶段，但整体行业依旧保持高速增长，创业领军风口地位不可撼动。农业、教育、医疗、养老等传统行业必将成为共享经济的发展重点，未来还将出现更多的新兴资源共享方式，如兴趣爱好等精神型资源共享平台。

五、知识付费

2016年被称为知识付费"元年"，随着平台的火爆营销和网络大V的积极带动，知识付费的用户规模迅速扩大。同年5月，知乎推出了实时问答互动产品——知乎Live；6月，得到App推出付费订阅专栏。

《中国知识付费行业发展白皮书2017》的数据显示，2017年1—10月，典型知识付费平台的用户规模波动较小，其中喜马拉雅FM的用户基数最大，规模波动为14%，而知乎、得到、豆瓣等平台的波动幅度为1%～5%（见图2-2）。

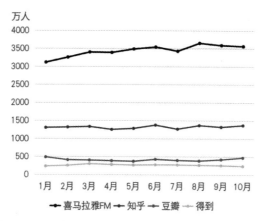

图 2-2　2017 年 1—10 月知识付费平台的用户规模波动

用户规模稳定，说明知识付费行业开始进入存量市场。IP 狂热逐渐消退，以及头部内容引领的多元化趋势，也证明了该行业正在向垂直化、细分化迈进。

六、网络直播

2016 年是网络直播迅猛发展的一年，为了规范直播行业，政府连续发布并实施了诸如《关于加强网络表演管理工作的通知》《互联网直播服务管理规定》等多项政策。随后，在法律法规的监督下直播继续迅猛发展，一些头部网红甚至成为时代现象，网红经济和明星经济被逐渐推向极致。在"双 11"晚上，顶流明星、主播的分销订单可达上百亿元，但高度集中的订单使得淘宝等电商平台的中小卖家逐渐失去生存空间，垄断电商平台内部也产生了高度垄断和分化。

垄断，是移动互联网阶段的主旋律；草根，则在移动互联网创业时期唱主角。红杉资本中国基金前副总裁姚安民从科技角度解释移动互联网创业潮的动因，认为是技术的发展从根本上打开了创业空间："智能手机出现后，创业机会比 PC 端时代更多了。因为手机可以做到实时地把人、服务、位置、产品联系起来，可以提供原来在 PC 端时没有办法提供的互联网解决方案。例如 O2O，可以实现网上点餐、送外卖等。这都是手机按需服务带来的变化，很多好的创新企业出现了……技术使得消费者希望获得的服务和产品能提供出来。此外，最近资本市场比较火，国家支持创业的政策较多，所以当下创业热情很高。"

移动互联网让个人创业不再困难，政府也从根本上为草根创业者大开方便之门，"三大施政清单""简政放权"为创业潮提供了制度保障和政策推力。2014 年 3 月《注册资本登记制度改革方案》出台，放开了企业准入条件的管制，取消了"最低注册资本金"的限制。

七、共生共存模式

这一阶段的创业风口几乎都跟移动互联网相关，但受限于流量困境，可以用"万里挑一"来形容整个创业局面，意思就是：一个创业风口出现后，至少有一万个创业者杀进去，最后只剩下一两个成功者，其他的都成了"炮灰"。

这是一个草根创业的时代，但因为资本的力量和流量的限制，却很难真正成就草根明星。因此，拿不到市场的中场竞争入场券的草根创业者不再"从头再来"，不再与巨头争夺流量和地盘，而是依附于巨头的产品红利，以共生共存模式在巨头成熟的商业生态中寻找自己的优势定位，这也成了一种新的创业趋势。

因此，虽然移动互联网时代的万众创业掀起了草根创业的高潮，但真正白手起家的成功企业家基本上都是精英创业者。创业者分层和整个创业时代息息相关：一方面创业技术门槛提高；另一方面市场竞争太过残酷，拥有高认知、广人脉的创业者更容易成功。

中国新经济的十年以移动互联网为开端，移动互联网也是十年周期的大风口，每年一个小风口映射着移动互联网生命周期的全过程。未来十年的大风口是数字化的初始阶段，可以称之为"数字化时代"。物联网（Internet of things，IoT）、云计算、大数据、5G、区块链、人工智能、AR/VR/MR（mixed reality，混合现实）等技术的日益成熟，将给所有行业带来一次智慧革命。

移动互联网时代，中国创业者看到了发生在现实之中的"权力的转移"，这让数字化创业者认识到"一直做容易的事情走的是一种平庸之路"，而去做"艰难而正确的事情"才是创业者的征途，每一次技术革命都是权力和财富的重构。巨大的应用场景催生了大数据时代，拥有全局数据的智能化能力是创业者争夺的战略核心。

第四节　产业互联网阶段——
打造数字经济新形态

第五次创业浪潮——2020 年至今：靠投机风口赚钱的时代过去了。

中国互联网发展的前二十年有两个逻辑：前十年是流量向线上迁移的人口红利，后十年是智能手机带来的移动互联网，但本质上都是互联网人口红利之下的流量迁移。

2016 年，美团创始人王兴提出：中国互联网已经进入下半场。事实上，从 2016 年到 2020 年的四年中，移动互联网流量江湖依旧沸腾，比如，拼多多强势崛起，抖音、快手等披荆斩棘，直播带货火爆异常。

18 世纪以来，人类社会每轮经济增长的背后都有一次工业革命在驱动：当科技和经济积累到一定程度后，首先是若干关键技术取得突破，随之整个技术体系发生跃迁，导致生产方式、产业形态发生根本性变化，推动经济形势的整体进步和高速增长。

互联网上半场的底层驱动来自人类社会的第五次技术革命：信息技术和网络技术使得人与人能够更快地取得联系，产生巨大的杠杆与创新，推动互联网上半场——消费互联网的极大繁荣。

在移动互联网占据主导地位的时期，一些足以影响未来经济走向的科技也获得了有声有色的发展。例如，各领域的很多企业早已开始发展人工智能。一旦人类的行为和思路被互联网记录，并经过系统整理，产生人工智能就成了必然，这进一步说明未来是人－机关系，未来的两个阶层很可能是人类与智能机器。

一、拐点

2020 年，移动互联网时代已到拐点，将新世纪的第三个十年之始作为互联网下半场的分割点更贴切一些。

那么，互联网下半场创业的历史性机遇在哪里？产业数字化革命是一个确定的答案。确切地说，是新一代通信网络（5G）、物联网、云计算等底层技术驱动下的产业数字化革命。

提到产业数字化革命，就不能不提及产业互联网。在现阶段想要对传统互联网进行系统性、颠覆性的重塑，门槛和代价都太高，当下的变革都着眼于提高现有产业的生产效率。而产业互联网针对的是整个行业，是互联网与传统产业融合后形成的一种新业态，走价值化发展之路才是企业最终出路，因为它可以更好地提高一个行业的标准化程度和效率。

如今，企业在流量迁移时代的低效营收模式正逐步走向失效。例如，以纯商业模式创新起家的滴滴正逐步发展成一家以数据、算法为底层驱动的技术型企业。互联网上半场的消费互联网致力于消费者个体的虚拟化，而互联网下半场的产业互联网致力于企业的虚拟化。

在产业互联网的大框架下，企业数字化将会得到更快速的发展。企业数字化针对的是一家企业,通过数字信息系统的建立,可以帮助企业提升整体效率和行业竞争力。为了在数字经济的大环境下保持持续竞争力,数字化企业将一切信息量化,设定高效的程序制定策略,让系统自动运行,省去了不必要的环节和人力成本。

在新一代科技革命和产业革命的背景下,数字经济迅猛发展,对人们的生活方式、生产方式、经济社会发展、全球治理体系、人类文明进步都产生了重大影响。以 5G、AI、IoT 为代表的新一代信息技术驱动数字革命渐入佳境,生产终端和用户数据可以被精准感知和定义,数据闭环带来的商业乃至产业智能化必将催生新一代的信息产业巨头。

二、潜力

为了推动数字经济快速发展,将数字经济打造成经济体制的"新变量"、经济转型增长的"新蓝海",重构经济发展的"新蓝图",中国相继出台了一系列数字化转型政策。

世界互联网大会发布的《中国互联网发展报告 2020》指出,中国数字经济已经达到 35.8 万亿元的规模,占 GDP 比重超过 30%,中国数字经济增长速度位居世界前列。但从横向对比来看,其他发达国家数字经济占 GDP 的比重均在 40% 以上,美国、英国、德国甚至高达 60%,可见中国还有很大的提升空间,据测算:每提升一个百分点,就有万亿元市场规模的扩容。参考发达国家,假设 2025 年中国数字经济占 GDP 比重提升到 50% 左右,当年中国数字经济规模将接近 60 万亿元。

产业数字化时代，消费者从 C 变成了 B，意味着"创业"将变得越来越"生意化"，做生意就要看运营、看资源、看经验、看算账，有现金的利润才是所有生意的底层逻辑。

在互联网的下半场，数字化的革命之火已经从消费互联网烧到了产业互联网，创业的技术门槛和资金门槛进一步提高，资本聚集的头部效应更加明显，为了在创业的江湖留下新一轮传说，精英创业者需要将目光投向以信息化、智能化赋能的产业，创建与打造旨在提升产业链效率的数字化企业，伴随中国产业的整体升级获取超额收益。

产业互联网可以重构产业链，数字化创业是创业者要做的基础工作。数字时代，人类的智慧正通过代码编程变成可以随时调取的知识工具。之前人类几乎所有的连接都是硬件连接，而今则是软件连接的时代。现在整个工业文明的底盘已经在数字化、智能化的基础上连成一体，如何在一体化的新世界里展开行动，考验着数字化创业者的自我突破能力，而这也是对想要亲自打破边界的人的最基本要求。

第五节　全真互联网阶段——
联通一切，打通虚实

腾讯公司创始人马化腾在几年前说过这么一句话："一个令人

兴奋的机会正在到来，移动互联网十年发展，即将迎来下一波升级，我们称之为全真互联网。"那么，什么是全真互联网？

2021 年 11 月 3 日，在"武汉 2021 腾讯数字生态大会"上，腾讯首次就"全真互联网"进行了详细阐述：在 PC 互联和移动互联之后，我们正迈入全真互联网时代。"真"就是真实世界，和"真"对应的是虚拟世界或数字世界。"全真"意味着虚拟世界和真实世界一样，两者密不可分，线上和线下更全面地实现一体化，实体和电子方式深度融合，将人、信息、物、服务、制造等越来越紧密地连接在一起。

腾讯公司副总裁、腾讯云与智慧产业事业群 COO 兼腾讯云总裁邱跃鹏在开幕式主论坛上说："伴随着消费互联网和产业互联网的发展，一个线上与线下一体化、数字技术与真实世界融合的全真互联时代正加速到来。"

由此可知，全真互联网的核心理念是"连接一切，打通虚实"。

过去数十年间，互联网技术飞速发展，承载了娱乐、购物、社交、工作等方方面面，但网络是虚拟的，操作者只能隔着屏幕交互，不管是否看得见，但一定摸不着。在全真互联网的概念下，线下和线上、虚拟与现实得到真正融合，通过 XR（扩展现实）技术将虚拟数据叠加到物理世界，使虚拟事物也能被感知到。

一、云原生

邱跃鹏认为，全真互联时代有三大技术趋势需要关注。

（1）算力。算力将延伸到网络的每一个角落，变得无处不在。

（2）云技术。"云原生"的重要性进一步凸显，开发者和企业需要懂得借助"云"实现高效数字化。

（3）网络传输。超高清、超低延时的网络传输是确保用户沉浸式体验的基础。

围绕这几个技术趋势，腾讯云正从海量算力、实时分析、极致传输三个方向夯实全真互联的技术基础，比如：腾讯公司公布了以视频转码芯片"沧海"为代表的三款自研硬件编码器芯片，其在世界编码器大赛上取得"人眼主观评价第一名"的成绩；发布的云原生操作系统"遨驰"可以统一调度腾讯云的服务器资源，单个集群涵盖了10万台服务器。

二、虚实集成世界

腾讯首席科学家、腾讯AI Lab及腾讯Robotics X实验室主任张正友认为，从技术角度看，全真互联时代将迎来一个全新的世界——虚拟世界和真实世界紧密结合的虚实集成世界。

张正友在一次题为"前沿技术打造虚实集成世界"的演讲中提到，虚实集成世界需要四个关键技术点：现实虚拟化、虚拟真实化、全息互联网和智能执行体。"其中，智能执行体能够帮助我们应对复杂的现实问题。我们会应用模型，将真实问题建模到虚拟世界进行研究。"张正友以腾讯自主研发的足轮融合多模态四足机器人Robotics X Max为例，进一步解释说："腾讯利用AI算法，在虚拟环境中设计和训练机器人，机器人在虚拟世界'习得一身本领'后，再回到真实世界行动，这样效率更高、成本更低，也更安全。Max 在虚拟世界中学习在崎岖路面上行走，再在现实世界中实现智能运动。"

可见，只要四个技术点发展顺利，必将打开一扇通往全新世界的大门。在不久的将来，互联网将以现实为基础，以数字虚拟化为能力，在教育、金融、建筑、交通等多赛道重构虚实集成世界。这将是一个跨国别、跨学科、最困难而又漫长的科学探索工程，需要技术人员持之以恒，砥砺前行。

面对未来虚实结合的世界，数字化创业者能够发现很多在物理世界里很强大但在数字世界里很"脆弱"的大公司。现实世界向数字世界迁移的进程不均衡，给很多新的数字化创业者带来了机会和红利。数字化智能底盘是企业面向未来的经营基础，"数据飞轮效应"在数字化创业者的努力下将逐步转变为"智能飞轮效应"，使智能逐步反向影响实体经济，实现两个技术系统的大融合。

第三章　数字化创业的准备

数字化创业秉持的思维方式基于"数字互联网原生性"而非工具性，一开始创业者就需要给企业注入自带的"数字基因"，将一切经营行为纳入数字化轨道，以客户为中心展开全场景经营，以数据驱动和创新突破为两翼，在数字化的基础上实现敏捷管理，在无边界的开放中，跟所有合作者实现共生共赢。

第一节　数字战略：企业如何适应数字世界

对于数字化创业的解读，我们还是要回到原点，回到企业的基础功能，即"营销和创新"。越是在眼花缭乱的时候，越要站在原点思考和行动，围绕用户价值和创新价值展开数字化管理，一边实践，一边获得市场反馈，实现企业运营和用户价值的高度匹配。

传统企业可以展开二次创业，进入数字化新征程后，则需要制定完整的数字化战略，只有在旧系统和新系统发生矛盾的时候，才能给予新系统成长的空间和时间。依靠现金流生存的企业，无论是初创的数字化创业企业，还是成熟的企业，都需要做好业务组合，志存高远，跟下一步的路径保持平衡。

基于企业组织，数字化创业的本质并没有改变，数字化创业更要遵循基础的商业准则。创业型企业只要抓住数字化红利期，就能创造更多普惠的机会。

2022年2月15日，联合国开发计划署（United Nations Development

Programme，UNDP）发布了《2022—2025 年数字战略》，支持各国和各群体以数字技术为抓手，减少不平等，提高普惠包容性，并发掘更多经济发展机遇。通过这项全球性战略，UNDP 希望在数字技术不断发展的当下保持领先的发展思路，加速实现可持续发展目标。

联合国开发计划署署长阿奇姆·施泰纳说："数字技术正在开拓新的工作和思维方式，同时也在发掘我们从来都不敢想象的机遇。"

联合国开发计划署首席数字官罗伯特·奥普说："目前，联合国开发计划署正在支持 35 个国家进行数字转型。这是各国对我们的信任，相信我们可以满足它们的需求。"

通过上述介绍可知，数字战略不仅被国家层面重视，而且已经上升到国际层面，凡是经济能力允许的国家都在谋求数字化转型。而中国已经走在了数字化转型的最前列，各级政府都在积极支持各群体创造数字生态，不让任何行业、任何企业，甚至任何个人掉队。

在企业数字化转型过程中，数字战略发挥着至关重要的作用，它是企业坚持正确方向和道路的关键。数字战略是指利用数字技术优化配置数字资源，创建和实现新的数字能力，打造数字化组织，更好地服务于企业业务组合、业务单元发展和用户需求。数字型领导者不仅要具备过硬的数字技术与知识储备，还要具有全局思维和全球视野，制定符合企业自身发展要求的数字战略。

在创业之初，新创企业的领导者必须坚定树立数字化战略的决心，利用数字技术的真正价值，创造竞争优势，制定有利于业务增长的策略，包括品牌策略、业务策略、用户体验策略、产品和服务策略、数字技术策略。

下面，我们以品牌策略为例，以图示的方式展示企业战略管理数字化建设的解决方案（见图 3-1）。

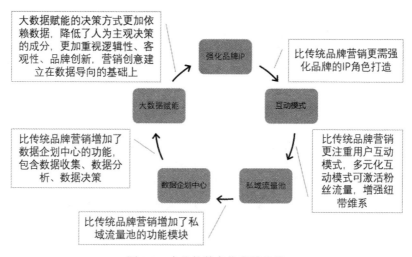

图 3-1　企业的数字化品牌建设

企业数字战略是企业实现目标数字计划的数字蓝图，数字战略的建立主要包括以下三步。

一、情况分析和绩效审查

分析企业组织中部署数字技术的机会，并审查其局限性，具体包括以下三个方面。

（1）SWOT 分析。整个组织的优势、劣势、机会和威胁分别是什么？在内部劣势中，找出最大威胁，制定防御型战略；在内部劣势中，发现潜在机会，制定扭转型战略；在内部优势中，窥见潜在威胁，通过多经营型战略进行化解；在内部优势中，找到最大机会，运用增长型战略，促进持续发展（见图 3-2）。

图 3-2　SWOT 分析

（2）竞争对手分析。双方如何在数字领域展开竞争？比如，价格、产品、用户服务、品牌建设、声誉等。

（3）数字渠道绩效分析。各类渠道的有效性与转化性如何？

二、目标战略

在数字项目的建设中，要想从战略上定义企业计划如何实现为用户获取、转化和保留而设定的目标，需要制订必要的战略计划，包括但不限于投资、资源整合与治理、数字技术建设、数字化品牌搭建、决策机制等。

三、企业数字化管理

数字化管理涵盖了资源、技能开发、营销技术、团队结构、绩效评估和改进过程等多项内容。

创业者要想用行动证明商业思考，仅提高思想认识还远远不够，创业会遇到很多新问题，没有现成的标杆系统，需要使用最合适的数字技术工具支持数字化转型，比如云计算、大数据分析、物联网、人工智能等，以提高效率，降低成本，提升用户体验。

生产力和生产关系是相对静态的，劳动工具的改变会带来一个巨大的变量，而工具反过来又能重构局部的生产力和生产关系，这也是数字化创业的价值所在。

第二节　数字思维：数据驱动变革领导力

传统创业者的原则是有什么资源打什么仗，而数字创业者则能站在数字化用户群体的基础上，整合所有能整合的资源，满足用户需求。因此，数字化创业者的理想站位不是生产者的思维，而是"用户买手"的思维。理想的数字创业模型是这样的：企业创造出一个效能更高的系统，让用户在自己的数字系统中得到更多的实惠和更好的体验。

从本质上说，"数据驱动"的企业可以为用户创造更大的价值;反过来,用发达的数字基础设施整合整个产品的供应链。因此,这种变革领导力的结构跟以往不同。请看下面的例子。

作为佛门圣地的灵隐寺也展开了数字化建设。数字化难道真是"上天入地",没有死角?

时至今日,灵隐寺已经有约1700年的历史,占地面积约87 000平方米,景区总体占地面积约2 577 000平方米。该寺鼎盛时期有9楼、18阁、72殿堂,僧房1300间,僧众多达3000余人,还有国外僧人来朝圣,高峰期更出现过日访客过10万人的盛景。这样的体量,管理难度极大,急需现代化的管理手段。

为了解决这个问题,灵隐寺积极打造"智慧寺院",成功举办了应用场景上线仪式,灵隐寺高僧汇报"数字化寺院"方案、讲解数字化管理系统的图片迅速走红朋友圈。有人甚至感慨:比自己更懂数字化、更具有数字思维的,居然是高僧们!

在数字化已经成为大势所趋的今天,创业者若想成功破圈,首先要改变自己的思维:从传统创业向数字创业转变,从信息时代的思维向数字时代的思维转变,成为具有数字思维的数字型创业者。

毋庸置疑,当下创业更容易成功的人都是具备数字思维的人,因为他们具有更敏锐的洞察力,能对经济发展做出更准确的判断,能够及时掌握所在行业的最新动向,抓住可能对企业或业务产生影响的最新趋势和最新项目,并随时根据大环境的数字化进程做出改变,采取行动,让企业走在时代发展的前端。

那么，究竟什么是数字思维呢？我们通常理解的数字化是以计算机为工具，以二进制代码 0 和 1 为载体，把信息、文字、图像等作为知识的表达与传播方式。但人类的数字思维不等同于机器编码，需要具备将资源流程全面数字化和数据驱动的能力，因此，创业企业的领导者不仅要为员工提供易于使用的移动应用，还要创建一个以服务为导向的管理机制。

下面，我们在五个方面具体解释数字思维。

（1）断点、非连续，从渐进式连续性线性思维到非连续性生态思维。

数字化发展曲线会出现断点，呈现非连续状态，其不拘泥于经验，有时全无经验之迹可循。为了应对商业范式的断点、突变与不连续，创业者必须具有长远的战略格局，洞见未来，布局"生态"。

（2）破界、融合，从封闭式边界思维到开放式跨界融合思维。

除了生产者与消费者的破界融合，还包括企业组织与外部生态的破界融合、产业之间的破界融合、软硬技术的破界融合、线上与线下的破界融合。实现了这些破界融合后，经营者就不再是简单地为用户创造价值，而是多层面地与用户共创价值。

（3）突变、小概率，从单一基于大概率事件推测的思维到洞见与感知小概率的"黑天鹅"突变事件的思维。

创业本身是充满了变数的小概率事件，再加上数字化本身的强突变性和"黑天鹅"属性，更要求创业者具备非线性思维，建立新能力和新模式，勇于拥抱风险，包容失败，在试验、探索、创新、迭代和优化中确立新的内在核心能力与外在生态优势。

（4）颠覆、原创性，从基于资源与能力的渐进式弯道超车思维到突破资源与能力的颠覆式创新变道超车思维。

数字化的本质是创新，是连续性创新与颠覆性创新，是追求原创性创新而非简单模仿创新，是追求跃迁式成长变道超车创新，而非渐进式弯道超车创新。创业者必须激发创新激情，自我革新，打破傲慢，敬畏变化，主动挑战权威与已有规范。

（5）分布式、多中心，从垂直式单一中心思维到分布式多中心思维。

垂直单一中心思维也是"非对称性单一聚焦压强思维"，表现在企业经营方面就是组织管控思维；分布式多中心思维也是"对称性多项动态选择思维"，表现在企业经营方面就是组织赋能。

数字化创业过程中，虽然会出现各种奇怪的市场现象，但必须抓住本质——让用户活得更好。数字化创业企业只要基于用户社区化，将用户管理纳入网络组织，创造共同的数字品牌体验，大都不会吃亏。

第三节　数字能力：重置创业资源，更新商业模式

在企业数字化创业过程中，企业一旦离开了用户互动，就会

变得没有力量。传统企业的打造需要建立专门的数字化团队，负责数字化转型的策划、推行和执行，招聘专业的数字化人才，并与外部合作伙伴建立合作关系；而数字化创业者在一开始就会无限贴近用户，构建企业和用户直接互动的场景。

创业的内涵和形式瞬息万变，如今很多新创企业已经运用数字技术打破了时间和空间的限制，突破了传统商业模式的束缚，凭借全新商业模式，强势颠覆了已有的市场规则，实现了价值的高成长性。但并不是所有以数字为创业基础的企业都欣欣向荣，即使是原本前景光明的企业也可能在竞争中昙花一现，最典型的就是共享单车企业。由此，就产生了一个关键问题：哪些重要因素决定了数字化企业创业成功？

仔细研究现有的成功新创企业不难发现，成功者中大多拥有强大的数字能力，可以通过变革与创新保障内部的数字能力与外部的数字环境相匹配，用自己的数字能力创造独特的商业模式，持续成长。

对于新创企业来说，数字技术建立的数字化连接打破了企业内部的组织结构和外部边界，企业经营界限被无限突破，跨界经营成为必然，但企业也需时刻面对不同领域的颠覆性创新和替代式竞争。又因新创企业有"新弱性"，其更依赖于数字能力，需要通过数字平台和价值网络与其他创业主体共享信息和互补资产。

数据时代，数据成为全新的战略资源，数字能力也成为一种关键的战略能力。所谓数字能力，是指在市场竞争中，新创企业根据数字环境的变化和数字技术范式的更新，对企业的战略方向、经营目标、资源配置方式、商业模式、生产组织方式和内部管理方式等做出适应性调整。

数字能力是支撑新创企业与数字环境持续动态匹配的关键能力，新创企业完全可以依靠数字能力将内部的数字战略、数字人才、数字文化和内外部的数字技术、数字资源、数字机会融合到一起。因此，在创业过程中新创企业应当积极培养和改进数字能力，发现和创造与数字技术有关的数字机会，用最符合数字经济要求的数字化治理方式对创业资源配置过程进行重置，创新并打造符合用户需求的数字化商业模式。

一、连接、共生、当下

工业化时代，企业需要依靠自身拥有的资源和能力构建核心竞争力；数字化时代，通过"连接"与"共生"，企业就能借助外部资源和外部能力的快速汇聚实现战略发展，而不再受限于自身。深挖数字能力，可以分解为"连接""共生""当下"三个子能力。

（1）"连接"与"共生"的能力。如今，每个领域都在打破边界，这样就给原有领域带来了全新的价值和无限的可能性。比如，华为进入汽车领域，按照工业时代的逻辑是不可能发生的，因为华为没有汽车领域的能力与资源。但在数字化时代，这不仅变成了现实，还成为一种必然，因为华为拥有智能技术，可以连接汽车制造企业，共同打造新一代的智能汽车。

（2）"当下"的能力。"变化"及"变化的速度"改变了价值，数字化技术带来了时间价值的改变，与企业相关的三个方面都在缩短：企业寿命、产品生命周期、争夺用户的时间窗口。随着数字技术的逐渐成熟，数字世界与物理世界的融合成为可能，这既释放了数字世界的新价值，又给物理世界增加了全新的可能性。

因此，企业要在理解"当下"的价值和意义中，寻求更大范围的"共生"聚合，"连接"也就成了实现战略的关键要素。

二、动态能力理论

动态能力理论认为：在不断变化的创业环境下，新创企业可以通过特定的动态能力推动产品的持续创新和商业模式创新。

数字环境下的企业，其特定动态能力就是数字能力，这种能力可以帮助企业迅速应对环境变化，创造性地改进管理流程，顺利开发数字产品并创新商业模式。新创企业要想获得高速发展，就要依赖数字能力，提升战略灵活性，夯实竞争关键因素，实现商业模式创新。

创业机会理论指出：组织缺少对创业机会的精准发现和把控，就无法对资源进行有效的整合和利用，而资源的依赖惯性往往会制约商业模式的创新。因此，仅靠数字能力，并不能保证新创企业的持续成长，还要深度研究和落实，运用数字能力实现数字机会与资源间的复杂互动。

推出数字化产品和服务的能力是数字化创业企业运营的根基，

因此创业并非抛弃"产品能力",而是实现"产品能力"和"数字能力"的叠加。要想提高市场竞争力,进一步推动数字化转型,传统企业和数字化创业者就要积极推出符合数字化趋势的产品和服务,满足用户的个性化需求。

第四节　数字人才：企业成长的关键要素

数字人才就是指含有"数字基因的员工"。对公司核心业务,他们能够在理解现实的基础上,进行数字化规划和管理。数字化组织的进化方向是自动化和智能化,数字化的人才团队能够适应企业运营软件化的基本特征,建立一种"超越性的数字系统",将企业的经营思想、价值观、流程、监督和协同等都放到一个数字系统内。这样的人才团队可以从几个人发展到上万人。数字系统是数字企业经营的骨架,其运营的稳定性和服务能力考验着数字化人才队伍的能力。

2022 年 9 月,人力资源和社会保障部向社会公示了新修订的《中华人民共和国职业分类大典》(以下简称《大典》)。新版《大典》的一个亮点就是,首次标注了数字职业,数量多达 97 个,如"机器人工程技术人员""智能制造工程技术人员""数据库运行管理员""数字孪生应用技术员""商务数据分析师""农业数字化技术员"……从这些数字职业的名称可以看出,随着数字技术的发展和应用，数字职业从业者不仅分布在一、二、三产业中，而且已广泛渗透到社会生产、流通、分配及消费等各个环节。

近年来，大数据、区块链、云计算、5G、人工智能、虚拟现实等新一代科技的加速发展，推动了以数字经济为发展趋势的变革浪潮。在规模庞大的数字经济体量下，数字职业快速发展，从业人员横跨国民经济的各领域，已成为驱动我国数字经济产业发展的中坚力量。因此，标注数字职业不仅是我国职业分类的重大创新，更能进一步推动数字经济、数字技术发展，以提升全民数字素养。

国家工业信息安全发展研究中心交流合作处处长李君表示："产业数字化转型是个万亿级别的市场，但在人才供应上，尤其虚拟现实、数字孪生等技术领域的人才资源远远不足。"当下，以虚拟现实、数字孪生和 AI 为代表的关键技术已被用于制造、交通、医疗、工业等行业，助力数字化转型。未来，数字职业必将被列入广大劳动者职业发展的选项中，越来越多的高技术数字人才将投身于数字经济建设中。

数字职业的从业者被称为"数字人才"，那么数字职业对数字人才有哪些要求呢？或者说数字人才究竟是如何定义的？有哪些具体体现呢？

现代意义上的数字人才是一种跨领域专业型人才，他们拥有数据思维，有能力对多样化的海量数据进行管理和使用，并在特定领域将这些数据转化成有价值的信息和知识。

不同行业、不同企业对数字人才的定义是不同的，但它们都对人才的特质、能力和内涵等提出了符合数字时代的新的要求，即数字人才不是单一的、孤立的、仅对单点过程负责的，而是多面的、复合的、对最终结果负责的人才。

数字人才是企业数字化建设的直接参与者和创造者，将主导企业数字化基础架构应用的设计、开发、运营、维护和升级。为了满足业务需求，团队构成以数字化领导者、数字化技术人员、数字化项目人员为主。

从数字人才在不同职能中发挥的不同作用的角度，可以将其分为三大类六个子类（见图3-3）。

图 3-3 数字人才分类

（1）数字化管理人才。这类人才是新创企业数字化建设的基座，是组织数字化建设关键节点的直接负责人。

（2）数字化专业人才。这类人才是新创企业数字化建设的主干，是聚焦技术专业能力、助力企业建立领先的数字化平台的主力军。

（3）数字化基础人才。这类人才是新创企业数字化建设的"螺丝"，具备一定的数字思维和数字能力，但不能单独作战，需要在指导下完成执行类工作。

数字化系统是可以移植的，即使是小的数字创业者，也能通过购买标准数字化模块实现快速转型，但数字人才团队的存在可以快速迭代数字系统，积累垂直领域的人工智能，如果默认"智能化组织"具有垄断性，这也就成了数字化创业者推动企业进化的方向。

第五节　数字文化：以业务为导向，以数据为驱动

数字化创业者一般先发现一种数字化的机会，然后以"产业效能优化者"角色入局。要么是别人普遍忽视了数据价值，要么是别人对产业数据的深度挖掘做得不够，才为新的创业者提供了这样的机会。

数字化创业对创业者提出了更高的要求，不仅需要出色的观察能力，还需要以批判性思维看待眼前的事情。纵观硅谷和中国的数字平台企业，基本上都是这种思维模式，在帮助别人提高效能的同时，也为自己的企业积累了巨大的数据资产，之后在算法深度结构化的基础上，将这些数据资产变成全新的数字财富。由

此可见，在数字化企业里，打破"一人说话千人传话"旧模式，而是人人都是发现者，都是机会的捕捉人。

从过往的企业实践来看，笔者觉得打造数字文化可以遵循一般路径。

打造数字文化是指在企业内部建立一种以数字技术为核心的工作方式、理念和价值观。它要求企业员工拥有数字化思维和数字化能力，注重信息共享和协作，以数据为基础进行决策和管理，在数字化领域不断创新和改进。企业领导要在内部推广这些行为和理念并营造一定的文化氛围，因为只有打造数字文化，企业才能更好地适应数字化时代的挑战和机遇，提高企业的竞争力和发展潜力。

文化指人类在社会历史发展过程中创造的物质财富和精神财富的总和。政治短评《文化是灵魂》："文化赋予经济发展以深厚的人文价值，使人的经济活动与动物的谋生行为有质的区别；文化赋予经济发展以极高的组织效能，促进社会主体间的相互沟通和社会凝聚力的形成；文化赋予经济发展以更强的竞争力，先进文化与生产力中的最活跃的人的因素一旦结合，劳动力素质会得到极大提高，劳动对象的广度和深度会得到极大拓展，人类改造自然、取得财富的能力与数量会呈几何级数增加。"因此，要想发展数字经济，就要重视文化的熏陶、教化与激励等特征，发挥先进文化的凝聚、润滑、整合等作用。

"数字企业"只要将有形企业映射到无形的、虚拟的网络中，就能形成一个与现实企业相对应的、密切相连的、其功能能够局部或全部模拟有形企业行为的系统，也称为"虚拟企业"。"数字化企业"是指使用数字技术，改变并极大地拓宽自己的战略选择的企业。"数字文化"是指以计算机、互联网及数字化视频信息采集、处理、存储和传输技术的文化的数字化共享，也称为"广义数字文化"。"企业数字文化"是指围绕企业核心价值观和愿景，体现企业使命和精神，在运用、创造数字技术与生产经营深度融合中逐步形成的数字理念、数字思维、数字素养、数字能力、数字行为和数字形式。

因此，企业数字文化与数字企业、数字化企业和广义数字文化是不同的概念，本节讨论的数字文化是狭义的，专指存在于各行各业的企业文化建设中的一种新型职能文化，具有时代性、趋势性、科技性和普遍性。

企业数字文化是以业务为导向、以数据为驱动解决问题的意识，企业要想进行数字化建设，需要打破过去传统的、长期适用的规则和能力，用新技术实现提高效能、降低成本的目标。因此，从本质上来说，企业数字文化就是"一种资源配置机制"，能够实现整个社会经济资源的优化配置，降低整个社会的"交易成本"。

要想全面建设数字化企业，必须建立一套数字文化体制。例如，建立以业务为导向的创新机制，鼓励团队成员打破常规，建立新生模式；建立以数字技术为核心的学习文化，鼓励团队成员对数字能力保持源源不断的学习动力；建立基于数据解决业务问题的文化氛围，包括搭建底层数据治理、数据资产管理、数据使用流程体系等，让全体员工都能自主地、自由地进行数据分析，培养他们使用数据解决业务问题的意识；打造"以数据思维满足业务需求"的文化氛围，让数字文化真正成为企业文化的重要组成部分，成为构建数字化企业的"导航灯"，促进企业高质量发展的"助推器"，加速企业融合、优化各类资源要素配置的"黏合剂"。

不过，打造数字文化说起来容易，但要将思考落实到流程里，还需要创始人带头。数字化企业的创始人必须是企业数字文化的践行者，建立新系统后，要自己先使用，然后引导员工使用，因为人类的组织都是"听其言，观其行"的。

第四章　数字化创业的商业模式

从商业模式上讲，数字化机会一开始都扮演着"产业效能优化者"的角色，只不过效能竞争发展到最后，整个供应链却没了盈利。低水平竞争和存量资源的价格战时代已经成为过去，只有创新效能优化者，才是数字化创业面对未来竞争的超越之道。用数字化商业模式将创新连接到一个一个鲜活的工业应用和消费场景中，是未来的数字创业者应该且必然要去做的事情。

第一节　业务线上化：实现全方位的数据在线能力

对于线上业务，数字化创业企业需要秉持一个基础原则，即能够软件化的流程一定要软件化，能够智能化的环节一定要智能化，经过在线化经营，培养出一个独特的、连接所有经营要素的智能体，这是企业赖以生存的基础。将数字化简单理解为"线上找网红卖产品"，只是初级的数字化思维。

所谓业务线上化，就是基于连接、数据、赋能的数字思维，利用互联网和数字技术，对成熟的业务场景进行数字化重塑，把握流量入口，快速落地场景应用，沉淀企业的数字化能力，让业务和技术相互融合，不断扩展业务边界，增加支撑创新业务能力。

业务线上化不仅是将线下业务转移到线上，关键是线上业务的数据化，需要关注数据在线、运营在线、渠道在线和用户在线。

一、数据在线：业务全线上化

单纯地收集数据和存储数据并不能提升数据价值，也不能称之为数据资产，可控制、可计量、可变现的数据才有可能变成数据资产。因此，数据在线的关键是让数据资产化，通过数字化协同网络，提高全方位的数据在线能力，具体包括以下五点。

1. 员工行为数据，反映真实的一线状况

一线员工最接近用户群体，最了解用户的喜好、需求与意见，能够对具体实施中出现的问题提出切合实际的解决办法。通常，员工行为数据的范围包括：团队协作数据、工作执行数据、完成质量数据、意见反馈数据等。这些数据可以借助移动应用传感器、协同办公工具、企业内部即时通信工具、社交工具等方式获得。

2. 用户行为数据，是用户体验优化的前提

要想为用户提供个性化服务，首先就要了解用户的行为，包括用户的个性化喜好、用户的显性痛点或隐性痛点、用户对企业数字产品的反馈等。这些数据可以借助移动应用传感器、客服平台、线上反馈和社交工具等方式获取。

3. 商业环境数据，为管理决策提供见解

商业环境数据包括察觉市场（包括用户群、竞争对手、合作伙伴）上的所有变化，如用户情绪、竞争对手举措、合作伙伴行动、

行业趋势、宏观经济等。这些数据可以通过企业业务系统、合作分析数据、第三方数据源等方式获得。

4. 业务经营数据，是数字化建设的绩效指标

要想通过提高收益、提能增效、控制风险等方式提升企业竞争力，就要为企业经营管理者提供能够实时感知企业利润、团队贡献、个人贡献的经营数据，包括行业流动性情况、产品销售情况、预算执行情况、用户反馈情况、风险防范情况等。

5. 运营管理数据，为业务持续优化提供基础

运营管理数据包括业务运营流程数据、业务系统连续性数据等，全面查看业务关键价值链路的执行状况，更好地打通端到端的流程，实现实时监控与决策。

二、运营在线：端到端的业务流程再造

在数字时代真正到来之前，企业的有效运作主要依赖于一个个职能性流程，很多工作需要管理者的协调与决策，容易出现决策上移、资源配置错位等问题，业务运作沟通成本很高。

数字时代到来后，企业的有效运作主要依靠一系列端到端的业务流程，这种业务流程再造需要注意以下两点。

（1）围绕业务价值链，打通流程孤岛与业务断点，建立完整的业务流程，实现协同网络和精益运营。

（2）充分利用数字化技术，为端到端流程再造赋能（见图4-1）。

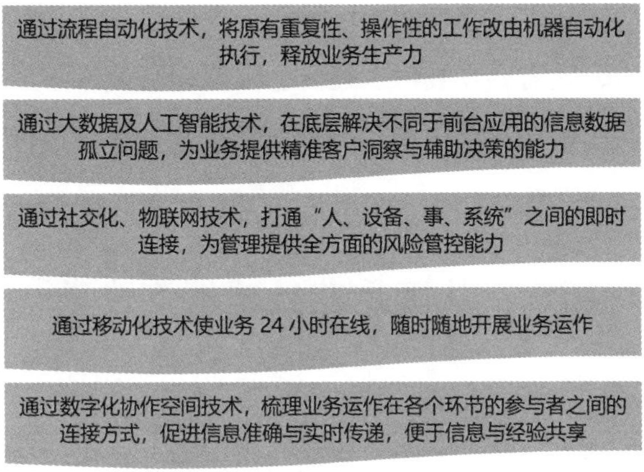

通过流程自动化技术，将原有重复性、操作性的工作改由机器自动化执行，释放业务生产力

通过大数据及人工智能技术，在底层解决不同于前台应用的信息数据孤立问题，为业务提供精准客户洞察与辅助决策的能力

通过社交化、物联网技术，打通"人、设备、事、系统"之间的即时连接，为管理提供全方面的风险管控能力

通过移动化技术使业务 24 小时在线，随时随地开展业务运作

通过数字化协作空间技术，梳理业务运作在各个环节的参与者之间的连接方式，促进信息准确与实时传递，便于信息与经验共享

图 4-1　流程再造需要配套的流程治理

三、渠道在线：推进全能渠道建设

目前，企业经营渠道的发展已经经历了两个阶段，即线下单渠道和线上线下多渠道，下一阶段将是全能渠道。

全能渠道建立在数字化的基础上，万物互联的实现让越来越多的设备和用户群体变成新的渠道入口，所有与用户接触的"点"都可能泛化为渠道，如当前的手机、平板电脑、智能家电、汽车等，将来的家用机器人、AR 设备、VR 设备等。

无论是单渠道还是多渠道，都存在相对独立、缺乏有效连通、信息数据孤立等情况,继而引发信息不一致的重复建设。全能渠道、数字整合可以实现多层面连接的"通"和"同"。在合规前提下将各个渠道打通，在不同的业务渠道上，用户的身份、订单、收益等能实现全渠道打通，这就是"通"；用户在各渠道享用产品和服务时,可获得一致的体验,这就是"同"。而要想建设"通"和"同"的全能渠道,就需要在技术上建立企业级、行业级甚至商业领域级的业务、数据和技术中台,为不同渠道的业务提供可复用、可共享、可升级的服务支撑。

四、用户在线：从满足业务功能向主动优化用户体验转变

要优化用户体验,关键在构建与用户的各种连接,即采用与用户相关度更强的思维方式,制定可执行的业务策略组合,其具体实施可以参考以下四点。

1. 用户分析

按照用户与企业业务的接触点对企业现有产品或服务的生命周期进行分解,对每个接触点的用户操作（友好的、一般的、非友好的）进行相应优化。

2. 用户感知

对用户体验数据加强获取,探寻用户的显性需求与隐性需求,包括业务应用中用户端数据埋点、一线员工反馈、对关联用户的行为分析、外部舆论等。

3. 用户沟通

与用户建立良性的沟通闭环,为用户提供方便、快捷的沟通

渠道，加强应对用户反馈的实时性和可持续性。

4. 产品交互

用户通过自然语言、沉浸智能等产品交互方式获得业务服务，提高积极性与参与度，培养用户的设计思维，实现用户与企业的深度融合。

对创业型企业来说，直接展开线上运营并不难做到，但对已经拥有成熟系统的线下企业来说，谈及"流程再造"，就需要踢掉一些从业者的饭碗。传统企业向数字化转型的难度远超人们的想象，这也是国内很多大型电器企业不断倒闭的原因。因此，原生数字化创业者完全可以作为传统企业进入数字智能化市场的助手，成为"数字化战略代理人"，在引领和整合之间实现自己的价值。

第二节　管理算法化：建立智慧型管理导航系统

传统创业者精通自己的母语，可以把话说得很好听，靠信息差左右逢源，这叫情商；数字创业者则需要精通两种语言，一种是母语，另一种是机器语言。如今，虽然最新的人工智能技术已经可以替代 70% 的传统代码编程，但基于机器语言的框架结构，人工智能还不能从根本上替代人工编程。

这也是"编程从娃娃抓起"的背后逻辑。

例如，软件运用大数据分析技术，就能帮助企业更好地理解消费者需求，为用户提供更好的产品或更精准的服务；软件有助于生产流程自动化，能降低人工成本，提高生产效率。同时，随着云计算、物联网等技术的不断成熟和发展，软件作为汽车、医疗、金融等传统产业中不可或缺的基础技术，也在不断演化，推动着产业的数字化革新和创新升级。

初创企业如果想要开发一种新算法，完全可以根据用户的实际购买情况对业务人员的日程进行管理，然后根据用户的复购情况为业务人员整理每日需维护的具体用户名单，并根据用户的价值高低排列出优先顺序，以保证优质用户不受冷遇，确保所有用户都能得到有效管理。目前这种算法已经进入测试阶段，被称为"用户管理导航系统"，业务人员既不用手动查数据，也不需要研究如何管理用户，一切都由系统提供的算法来解决。如此，就能提高业务人员维护用户的效率，降低业务人员维护用户的成本。

这种基于算法的管理方式就是数字时代企业管理必须展开的基本管理模式——算法管理。算法管理适用于企业管理的方方面面，用户维护只是其中的一个环节。根据企业的发展战略、发展路径、发展优劣势等建立智慧型管理体系，制定千人千面的管理模型，就能为企业人员提供指导，告诉他们工作时应采取哪种策略与方法。这就是算法管理的基本意义。

在第三章第二节中提到灵隐寺打造"智慧寺院"，就是通过数字化对寺院进行管理的。一座千年古刹要实现数字化管理，面临着很多问题：如何吸引游客？如何促使游客消费？如何精确定位客群？如何提供更好的服务？如何及时应急和预警？这些问题的解答涉及知名度、转化率、精准营销、互动体验和安全保障等方面。而要想解决这些问题，关键就在于数据，只有打通数据孤岛，建立全域数据共享中心，才能促使寺院从旅游行业格局、空间格局、游览方式、商业模式等方面寻找突破点。

数字时代实际上是一个综合运用物联网、区块链、云计算、大数据、5G、人工智能等数字化技术提升企业经营管理能力的时代，可以归纳为"三算一景"——即算力（计算能力）、算法（计算方法）、算料（用于计算的生产资料，即数据）和应用场景（或业务场景）。"三算"不仅要跟"一景"结合起来，还必须为"一景"服务，用深挖出来的应用场景牵引算法、算力和算料。

管理算法化就是把政策、管理、服务等解构成规则、形成算法的过程。数据和算法代替人进行管理和服务，通过管理和服务的精算，就能让"被动办"变为"主动办、数据办、算法办"，把"人找服务"升级为"服务找人"。

灵隐寺将实时、客观的海量数据进行归集、分析和整合，将其作为应用场景建设的重中之重，以系统集成理念打破数据孤岛，实现了数据的穿透和回流。

灵隐寺"智慧寺院"应用场景采用"1＋6＋N"（"1"是一体化综合服务，"6"是6个子场景，"N"是23个小切口）的架构体系，通过系统重塑、流程再造、制度变革有效实现了数字赋能现代寺院管理。

数据赋能灵隐寺数智化转型，以越来越标准化、自动化的数智化产品及应用，让公共服务的供给更便利、敏捷和丰富，减少了人力工作量。

此外，灵隐寺还建设了在线的数字化风控体系，进一步丰满了算法管理的另一面，从风险出发倒逼管理持续完善。灵隐寺以全在线、可记录、可度量为目标，360°无死角地涵盖全院的服务业务范围，重新梳理服务流程，借助数字技术力量，围绕实时、数据化、穿透式、连续性四个技术目标，建立可从事前、事中、事后实时在线的数字化风控体系。

（1）在事前。依托大数据、云平台、区块链、5G、人工智能等技术，建立大数据智能风控体系，实时收集票务系统、浏览信息、游客分布情况等信息，利用精确定位游客方位和绘制关联图谱等方式，提前预测、全方位评估事前风险。

（2）在事中。建立智能化风险预警系统，结合内外部数据，为内外部数据建模，应用到各个监管场景，进行事中风险实时监测和决策。

（3）在事后。对风险事件关联因素进行分析和挖掘，全面排查遗漏风险，对风险事件进行严格稽查和审计，形成事后风险的闭环处理。

数字化创业者相信，"软件吞噬世界"的说法具有一定的真实性和现实意义。随着数字化和信息技术的快速发展，必然会有越来越多的传统产业向数字化转型，并将软件作为其核心驱动力量，使运营方式更高效、更智能、更具竞争力。

第三节　决策智能化：实现瞬时决策

植物医生是国内知名的美妆品牌，直营门店多达 6000 家。创始人谢勇组建了数字化团队，在公司决策中心的大屏幕上，直营门店只要卖出一款产品，就会在一秒内以视觉化的方式被决策层看到。系统会进行简单的图像分析，判断用户的类型、停留时间等，并以此为基础，运用人工智能技术对未来几个月的精细需求做出预测。之后，决策层会在这些报告的基础上修正环境和场景，提升企业的瞬时决策能力。

随着工业化的发展、科技的进步，企业的延展性越来越强。随之而来的是沟通成本不断增加，信息技术在企业管理中的作用越来越凸显，信息化建设的快速发展，使电子化办公、无纸化办公、自动化办公等逐渐普及。在信息化管理时代，各种信息系统都将被实践验证有效，如企业资源规划（enterprise resource planning，ERP）信息系统、用户关系管理（customer relationship management，CRM）信息系统、人力资源管理（human resource management，HRM）信息系统、生产制造执行（manufacturing execution system，MES）信息系统等。

数据化管理是信息化管理的升级，当信息系统记录大量的经营和管理数据后，就会对这些数据进行分析和挖掘，发现事物的发展规律，为管理决策提供正确指导，但它尚不能对决策的即时性提供帮助。随着数据体系的建设和完善，以及数学模型的不断建立和优化，数据化管理就能进行即时的数据分析和挖掘，为管理者提供更加快速的反馈，决策的效率和准确性也将大幅提升。

智能化管理是一种系统代替人做决策的管理体系。当模型积累到一定程度，只要引入人工智能、深度学习、机器自动学习等各种算法，当数据算法的精确性提高到某种程度，系统就能实现自主学习、自主优化，成为智能的、可自动调优的、能够指挥人类采取行动的决策体系，从而由数据化管理模式的定期决策升级到智能化管理模式的瞬时决策。

如前文所述，我们将科学管理阶段称为"管理 1.0 时代"，将信息化管理阶段称为"管理 2.0 时代"，将数据化管理阶段称为"管理 3.0 时代"，将智能化管理阶段称为"管理 4.0 时代"。在不同的阶段，洞察与发现、迭代与优化、颠覆与创新等都有不同呈现，实现了从规范化到指标化、从指标化到模型化、从模型化到体系化的决策系统升级（见图 4-2）。

如今，在实际的管理决策中，某些场景中已经出现了智能化管理配合瞬时决策的案例。例如，现在多数人开车时都会使用导航系统，一方面为了识别道路，另一方面为了避免违章。这些导航系统可以自动计算最短行程时间、提前预测堵车和规避堵车，并随时调整行车路线。

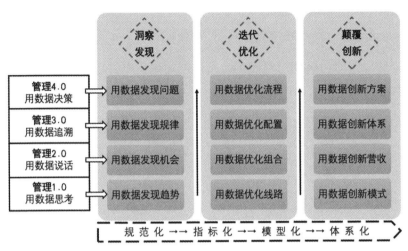

图 4-2　不同管理时代的决策系统

　　导航系统就是系统指挥人的典型应用。该系统由一系列算法自动计算和自动调整，系统会自动收集和使用导航系统车辆的行车数据，根据车辆行驶情况（快或慢），对车流状况（是否拥堵、有无事故）进行分析，之后反馈到系统中，调整各路段的拥堵和用时情况。然后，导航系统就能根据每辆车的具体情况做出具体判断，对在拥堵路段行驶的车辆或将要驶入拥堵路段的车辆针对性地进行路线调整。在整个系统的数据收集、分析和调整的过程中，没有人为参与，系统完全是自己"思考"并做出决策，指挥司机调整路线。当然，司机有自行选择权，可根据系统建议进行调整，或根据自己的想法做其他调整，但系统给予的调整建议非常重要，能帮助司机做出更符合自己实际情况的判断。试想，缺少通过大数据分析计算得出的结果，司机很可能刚挤出一条拥堵路线，又进入了另一条拥堵路线。

与导航系统相类似的还有打车软件平台。平台系统会根据算法自动匹配司机和用户需求，先指挥司机接乘客，再指挥司机按照导航路线将乘客送达目的地。

这种"系统指挥人"的智能管理决策模式在未来会越来越多地应用在企业生产、经营和管理活动中，形成更多的符合各种场景的"智能管理决策系统"。

数字化创业者想要具备瞬时决策能力，需要在几个方面进行投资，像重视企业厂房和机器一样重视数字化设施。要想实现决策智能化，数字化企业需要加强数据收集，积累数据知识，并结合相关技术对数据进行分析和解读，营造知识共享氛围，减少个别行为决策路径。

只有具备"数字信仰"的创业者，才敢重仓投入数字资产的构建。

首先，要收集内外部数据进行挖掘和分析，之后产生洞见，帮助管理层做出更明智的决策。因为，出售产品和服务是创造财富的过程，进行数字网络的建设也是创造财富的过程。

其次，要根据自己的产业特点创新算法，导入人工智能技术，如机器学习、自然语言处理等，进行数据分析、模式识别等，提高决策的准确性和速度。

再次，要将软件层面的报告和结论变成可视化统计工具，为企业经营网络中的所有人赋能。在这个"信息平权组织"中，员工拥有全局数据，大决策会嵌套小决策，形成有机的决策结构。使用可视化工具展示数据，企业领导者就能快速浏览和理解复杂的数据信息，快速发现问题和趋势，并做出有针对性的处理。

最后，建立知识库和数据库。数字化创业者可以在团队中建立共享知识库，收集专家的知识经验，为企业决策提供支持。建立多层次的辅助决策系统，开发和使用辅助决策系统，就能建立基于数据分析的决策流程，将决策过程自动化，降低人为决策误差。

第四节　员工虚设化：拉升数据生产力

数字化创业企业要使用好两种资源：一种是内部资源，另一种是外部资源。那么，如何使用好外部资源呢？这就涉及"数字化思维"的问题，使用好外部资源，在某种程度上说，比内部资源的潜力更大，可能性更多。

数字化创业的一个重要组织形式就是建立由著名管理学者查尔斯·汉迪提出的"三叶草"组织。数字化架构团队和商业运营团队、外包经理和外包者组成了一个全新的数字化企业架构，实现了内外两个资源的整合，而数据能力是新企业提高生产力的关键。

网络时代，最大的变化就是虚拟的东西和场景越来越多，企业经营和管理方式发生了巨大变化，管理者与被管理者的关系发生了变化，员工与用户的边界被逐步打破，员工的社会化和虚拟化成为可能。

一、员工社会化

员工社会化的一种表现形式是：借助互联网平台，社会闲置劳动力就能参与企业的生产，或为用户提供服务，获得劳动报酬。而社会劳动力没有提供服务，则属于自动断开劳务合作关系，企业无须向劳动者支付薪资和福利。比如，网上打车平台就是员工社会化的典型代表。有空闲时间的司机只要在平台上注册，经过平台的严格审核，就能成为被平台认可的专车司机。这些注册司机不是平台的员工，所驾驶的车辆也不是平台的资产，司机对车辆的保养和营运费用自行承担；同时，因为司机通过平台获得了收益，还要向平台支付一定的佣金。借助这样的打车软件平台，企业虽然没有任何司机和车辆，其商业模式依然能顺利运作。

员工社会化的另一种表现形式是通过科研创新平台完成研发任务。比如，宝洁公司（P&G）同各大高校合作，建立了科研创新平台，当宝洁遇到研发难题或有新设的研发课题时，都会将其发布到平台上；同时，科研院所、自由科学家、实验室、大学师生等都会在平台上寻找自己感兴趣的课题，只要攻克了科研课题，宝洁就会支付给他们必要的知识产权费用，买下科研成果，再通过企业的生产和销售体系将科研成果商业化。这些为宝洁科研贡献了自己力量的人员就是社会劳动力。宝洁通过平台运作和酬金设定，将外部科研人员汇聚到自己旗下，无形中"收编"了几十万为自己提供科研服务的团队。这种科研任务众包模式远比企业任用"自己人"的效果好，因为企业规模再大，也不可能同时直接管理几十万名研发人员。因此，科研众包的本质就是利用社会科研力量为企业提供科研服务，平台还能实现自我更新淘汰。

二、员工数字化

2021 年年底，万科集团数字员工"崔筱盼"荣获"2021 年万科总部最佳新人奖"。消息一出，举座皆惊——虚拟数字人员要来抢饭碗了。

在数字经济快速发展的形势下，数字技术与实体经济深度融合，加速推动了经济发展与治理模式的变革与重构。各行各业都在探索虚拟数字人员的应用场景，如百信银行推出首位虚拟数字员工 AIYA（艾雅）、江南农商银行推出 vtm 数字员工，更多企业抢滩试水元宇宙……

那么，到底什么是数字员工？

根据《IDC Future Scape：全球人工智能市场 2021 预测》的报告："到 2024 年，45% 的重复工作任务将通过使用由 AI、机器人和机器人流程自动化（RPA）提供支持的'数字员工'实现自动化或增强。"

从概念来讲，数字员工是由"AI ＋ RPA ＋数据＋机器人"多重技术深入融合应用创造的高度拟人化的新型工作人员。一份调研报告证明了"数字员工"的实用性——一家收入 200 亿美元、拥有 5 万名员工的企业，如果 20% 的工作由数字员工完成，则每年可为企业带来超过 3000 万美元的利润。

因此，数字员工带来的实际效益已被各方机构看重，它们在未来的工作环境中必将通过模仿人类的工作状态，在 PC 端、移动端等自动执行简单的、重复的、规则性强的业务流程。

未来，人机耦合将成为趋势。为了更好地培育和释放这种新型集体潜力，企业需要积极面对数字员工加入职场的新变化，方能享受科技进步带来的新红利。

（1）利用数字员工新技术拓宽工作范围，可提高工作质量与效率。未来，企业会将多个传统岗位与职责相结合，将人类和机器的各自擅长之处相结合，利用数字技术和数字员工拓宽工作范围，提升工作成效。比如，浦发银行的数字员工岗位包括智能客服、智能外呼、AI 培训、AI 营销员、AI 大堂经理、数字质检员等，这些岗位既扩展了对客服务的覆盖面，又简化了对客服务的流程，还提高了对客服务的质量。

（2）促进人机协同，加速数字化建设与转型。人类与计算机的交互、融合和共创提升了人类的潜能，释放了更多的能量，创造了更大价值。比如，科大讯飞的数字员工可以在招聘、财务、办公等专业领域协同员工高效地完成本职工作。过去由人工翻译 10 000 字的文档大约需要 4 小时，如今人机协同翻译完只需 24 分钟，效率提升了 9 倍。

（3）创建"混合型"人机团队，形成集体智能力量。仅凭各自的力量，人或机器都无法推动企业发展，因此"人机搭配，干活不累"将成为企业人力资源发展的主流模式。

未来，在数字化创业企业中，核心员工团队会变得更加精干，每个成员身边都会有很多"智能数字助理"，提供虚拟员工和企业数字化的友好界面，就能为数字化创业提供新的工具，降低企业组织的运营成本。

第五节　产品数字化：实现持续交付

从事线下服务的企业的业务大都是"手工活"，需要人们一对一地解决问题，而将服务流程数字化，就能针对更多的用户实现持续交付，实现从"重资产服务"到"轻资产服务"的改变。这样，就给很多数字化创业企业带来了机会。

从客户需求出发，通过技术手段和服务方式的升级，可以为客户带来更好的服务体验。但要充分考虑线上、线下整个客户交互过程与营收模式的建立。

产品数字化流程适合所有数字化创业企业，产品叠加数字化服务的商业模式正在改变中国企业的运营生态。

所谓产品数字化，是指信息、软件、视听娱乐产品等可数字化表示并可用网络传输产品。数字经济时代，这些产品不必再通过实物载体形式提供，完全可以在线通过计算机网络传送给用户。数字化的产品既具备有形资产的特征，也具备无形资产的性质，同时它既不同于有形资产，又不同于无形资产。

产品数字化的特征主要表现在以下几个方面。

一、产品研发在线化

数字时代，随着外部政策和市场环境不确定性的不断加大，企业需要建立敏捷的业务产品研发管理机制，更需要紧密的团队协作形成更强迭代和更快决策的敏捷工作流程。比如，建设一线业务、产品经理、技术研发等业务一体化的敏捷性产品研发团队，通过大数据、云计算、人工智能等技术手段，对业务环境进行分析，在安全合规的前提下，采用创新设计思维快速交付产品原型，快速细分迭代，快速修正产品。同时，建立企业业务产品目录，在业务和技术层面整合与复用业务资源，持续加强企业资源的可用性。

二、存货形态无形化

物质产品主要包括原材料、半成品、产成品、库存品，甚至包括残次品等，都表现为一定的实物形态。

在产品数字化的概念下，无论是作为"原材料"的数字化产品（如计算机硬件商购买的机载软件），还是作为企业主营业务的数字化产品（如计算机软件、多媒体产品等），都取之不尽，可无限供应。因此，以传统的会计分类方法为基础进行评估并不能真实地反映数字化产品的价值，因为数字化产品是无形的，既没有实物的产品形态，也无须有形的仓储设备，更不存在库存数量的问题。

三、生产过程虚拟化

物质产品的生产过程，即原材料经过若干生产步骤形成产品的过程，其间每个生产步骤都需要明确的原材料数量、人工时间和加工时长等。

数字化产品的生产过程则是虚拟化的。比如，计算机软件进入市场要经过三个阶段：研制开发阶段，制作阶段，附件配备、包装、入库、待售等阶段。

如果不将数字化产品的研发过程和制作过程作为正常的生产过程，数字化产品就没有生产过程，就需要重新定义数字化产品的生产概念。

四、收益模式自由化

物质产品的交易一般以失去商品的所有权或控制权、获得收入权为标志。因此，物质产品交易通常会采取确定价格的直接收益模式。

在数字化产品交易中，除了极少数可直接计算价值的产品，如在线音乐、在线影视等，可采取直接收款的方式外，数字化产品大都采用先提供产品的使用价值，再由用户自由决定是否付款，进一步获取使用权的自由收益模式。

五、销售过程网络化

即使通过网络进行销售，物质产品也属于不完全电子商务，也就是说，商品必须经过实质性的物流作业（运输、装卸等环节）。

数字化产品和数字化服务则属于完全电子商务，即不需要发生实质性的物流作业，产品交易以数字化状态成交，用户在线付出金钱，商家在线付出商品，可以一键完成。但这类企业需要构建新的服务组织，维护在线客服及社交媒体，建立在线客服及社交媒体运营团队，与客户沟通交流，提供高质量的售前和售后服务，促进与客户的互动，提高客户的满意度。这些内容可以借助"服务机器人"完成，也可以借助"外部服务人员"完成；对于需要专家级服务的客户，企业需要创制出一种"线上、线下协同"的新服务形态。

第五章　数字化创业的技术基础

如今，企业管理与经营越来越依赖技术系统，数字化创业企业不仅要构建独特的"理工能力"，还要秉持"一切经营皆技术"的新观念。只有灵活运用数物融合、数字主线、数字孪生、数字中台、数字特权等，数字化创业之路才能走得顺畅。

第一节　数物融合：迈向"机喻时代"

社会学家玛格丽特·米德将人类社会划分为三个阶段：第一阶段是"前喻时代"，即晚辈主要向长辈学习；第二阶段是"并喻时代"，即长辈向长辈学习，晚辈向晚辈学习；第三阶段是"后喻时代"，即长辈向晚辈学习。

其实，"后喻"的出现主要源于科技革命的爆发，尤其是随着信息技术的发展，社会结构发生了巨大变化，"经验主义"完全没了用武之地。年轻人是时代资源的掌控者，他们接受新鲜事物的能力更强，对新的社会结构的适应力也更强，老一辈继承下来的经验反而成了他们迈向信息时代和数字时代的绊脚石，削弱了他们对时代的把握能力。

但"后喻"绝不是人类学习方式的终极模式，随着数字技术的不断演进，人类自身的学习方式发生了范式性变化，人类不仅可以向人类自己学习，还可以向机器学习；人类不仅可以在现实中学习，还可以在虚拟中学习。这就是我们本节要讲述的"机喻时代"，人类需要经常性地、依赖性地向智能机器学习。

最常见的向机器学习的场景是百度搜索。如今，通过搜索引擎学习已经成为很多人的常态，他们遇到不知道且想了解的问题，就会通过"百度"迅速寻找答案。在向机器学习的过程中，人们逐渐总结出这种学习方式的三大优势：一是广泛度，网上的知识取之不尽、用之不竭；二是即时性，网上可以随时随地获取知识；三是准确率，权威网站的知识不仅准确到位，且深度无限。

随着科学技术的长足发展，"机喻时代"有了随时被刷新的可能，因此"机喻"也在不断发展变化着。图灵奖得主吉姆·格雷提出了"第四范式"概念：第一范式是实验科学，只要发生了自然现象，就会被记录下来，人们借此可以不断积累经验；第二范式是理论科学，不断地发现并总结自然现象背后的规律，具体推演过程主要依赖手工完成；第三范式是计算科学，使用计算机总结规律；第四范式是数据密集科学，机器可以代替科学家进行规律性总结。

其实，前两个范式不属于"机喻时代"，第三范式也只算"机喻时代"的前奏，到了第四范式才真正拉开了"机喻时代"的序幕，当第四范式实现时，人类才会真正迈入"机喻时代"。

在"机喻时代"，不仅人类的学习方式会发生变化，组织的学习方式也会与过去不同。以企业组织为例，通过生态体系的广泛连接，采集方方面面的数据，组织就能成为智慧的容器，继而将智慧精准地输送给任何一个有需要的员工，从而极大地增强员工的综合能力。因此，在该时代，企业更加依赖机器和算法，更加依赖丰富而全面的高质量数据；管理者的作用被弱化，机器算法和数据采集成为企业的竞争力，是企业经营和管理决策的基础。

对于数字化创业者和团队员工来说，必须要建立一个全新的认识：实现企业目标时需要人，进行顶级技术架构时需要人，但在多数具体事务上，则人要与智能机器协同工作，相互修正反馈，而这也是正确的工作范式，甚至还是一种可以习得的技术。

第二节　数字主线：产品
全生命周期与全价值链

本节主要讲述制造业的数字化管理和运作的流程。数字化创业者不仅要理解制造业企业的数字化设计和验证阶段，更要知道制造阶段的整体数字化流程。很多创业者拥有前端设计和验证技术，如同芯片设计企业一样，能够和芯片代工企业形成价值链。在具体的芯片应用场景中，创业者只做自己擅长的事情。他们不仅在技术链上占据优势，在应用市场里也占据优势，而这就是创业者存在的价值。

以下案例可以带给我们一些思考。

数字主线（digital thread）是数字制造最令人着迷的词语之一，于 2003 年在 F-35 闪电 II 战斗机项目中提出，而该项目的提出者是美国空军和洛克希德·马丁公司（LMT）。

数字主线技术以前所未有的态势打通了设计数据和制造数据，在制造过程中，完全可以基于三维设计模型进行三坐标尺校验和工装设计等。该模型还可以运用于培训和维护，能极大地提升战斗机的制造、装配及维护的自动化程度。

一、数字主线的价值

为何是飞机制造企业首先提出了数字主线，而不是其他行业的企业呢？下面，我们就以具体数据进行说明。

一架单通道大型客机的零部件数量为 10 万个以上，涉及全球几百家航电系统和零部件供应商，交付后正常使用寿命为 20 年以上。对以上任何一项数据的管理都足够让人头疼，这还是在静止状态下，但飞机的主要工作还是"飞"。它会不停地起落，执行航线任务，需要不断地、细致入微地进行动态维护。为了保障飞机的飞行安全和适航要求，就要按单架次管理，需要维护产品数据、变更记录、生产记录、供应商信息、所有维修与维护记录，保证所有的设计改进都能落实到具体运营的飞机上；同时，在运营维护过程中，还可追溯到设计、制造、供应商和服务等相关的所有数据。

如此一来，要想完成对 N 架飞机的研发、生产、交付、运营和维护，必然会涉及海量的工作量。为了达到这个目的，洛克希德·马丁公司一直都在努力。与其同量级的波音公司（The Boeing Company）也在不断努力，如在 1994 年启动了 DCAC/MRM（飞机构型定义和控制及制造资源管理）计划：历时 10 年，耗资数十亿美元，推进飞机的设计、生产、交付、运营、维护等流程，打造单一产品数据源，简化产品配置管理，精简作业流。这一计划的复杂度和难度可想而知。

运用数字主线，企业就能整合全生命周期（研发、制造、营销、服务等）产品数据，实现全价值链（用户、供应链、物流等）端到端的数据链路，以业务为核心对数据进行解耦、重构和复用，支撑跨越产品全生命周期和全价值链的协作和业务应用，一方面提升企业运营效率，加快业务创新能力，另一方面确保产品质量合规，获得可持续的竞争优势。

在产品数据管理系统（product data management，PDM）中，洛克希德·马丁公司实现了数字主线，为设计制造协作及与全球合作伙伴和供应商协同奠定了基础，极大地提升了设计、制造、交付、维护等工作的效率和准确性。

数据主线的价值在产品结构复杂、质量要求高、生命周期长的工业企业中发挥着不可估量的作用。因此，航空航天与国防行业最先采用了数字主线，这也是实际难题倒逼科技进步的典型场景。

二、数字主线与业务系统

如今，数字主线不仅被最先运用在航空航天领域，其他工业领域企业也相继认识到了数据主线对企业经营的价值。其他工业企业对数据主线价值的认识源于对数据价值的认识。随着产品和业务复杂度的双重增加，企业正面临数据量激增、数据种类繁多、数据格式复杂等挑战，数据的质量和及时性开始影响前端业务的正常开展。尚未进行数字化转型的企业，其数据散落在各个孤立的信息系统、桌面计算机、工控设备、纸质单据甚至员工的大脑中，只有集中管理这些数据，才能让数据流动起来，将其转化为创新的新动力。

2015 年通用电气公司（GE，以下简称"通用"）成立了数字化事业部，推出了全球第一个工业互联网平台——Predix。随后，通用数字化事业部开始大力提倡基于 Predix 的数字主线和数字孪生概念。

通用数字化事业部认为，数字主线贯穿于整个价值流的数据连接，要使数据资产成为驱动业务推进和决策自动化的关键。数字主线代表了整个产品生命周期中所有端到端业务流程所关联的数据和信息，能帮助企业缩短交货周期、增加盈利能力、提高用户满意度。

通用的数字主线是基于 Predix 系统的 DSI、MBE 和智慧工厂三个部分（见图 5-1）。

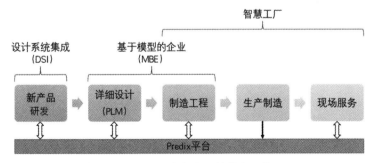

图 5-1　通用电气公司的数字主线

具体来说,就是构建先进建模和仿真工具,覆盖产品全生命周期与全价值链,从基础材料、设计、工艺、制造以及使用维护等环节,集成并驱动以统一的模型为核心的产品设计、制造和保障的数字化数据流,这也是数字主线的核心。通过数字主线,可以快速追溯到产品各阶段的数据。以设计工程师为例,其可实时在线获取已交付产品的运行状态及故障数据,在设计环境中进行仿真实验与分析,实现产品的快速迭代和质量闭环。

三、MBE

基于模型的企业(model-based enterprse,MBE)是很多工业企业发展的目标,这类企业会将产品的完整定义通过数字化模型进行表达,并扩展应用到产品生命周期的所有活动中,用模型驱动产品生命周期的各项业务活动,并保证数据的一致性。

MBE 分 为 三 个 实 现 阶 段:基 于 模 型 定 义(model-based definition,MBD)、实现模型持续性和模型驱动业务。目前,MBE处于基于模型定义阶段,在这个阶段,MBD 将与数字主线结合在一起,促进 MBE 快速实现。

数字主线以业务为核心,可以解决"在正确的时间,以正确的方式,向正确的对象(人或系统),提供正确的数据"等问题,还能同时解决以下两个问题。

(1)数据与业务的融合。通过业务建模,将来自不同系统和设备的数据进行聚合和重构,就能实现数据与业务的融合。

（2）产品生命周期数字链路。在业务模型之间建立联系，打造面向产品全生命周期、全价值链的数字链路，实现数物融合。

四、OSLC

数字主线可以将来自业务系统和设备的数据进行重构和复用，与企业现有业务系统实现共生。

为了解决生命周期工具的集成问题，IBM（International Business Machines Corporation，国际商业机器公司）提出了名为OSLC（open services for lifecycle collaboration，生命周期协作开放服务）的技术规范，其主要利用OSLC规范链接数据来实现跨域、跨应用和跨组织的数字线程（见图5-2）。

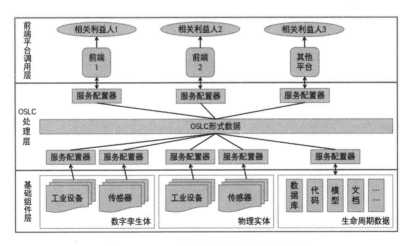

图 5-2　OSLC 服务化系统工程整合方法

（1）基础组件层。包括两部分：产品开发过程的生命周期数据和数字孪生方案。其中，生命周期数据主要包括系统仿真实验数据库、代码、模型数据库（CAD 模型、CAE 模型、CFD 模型等）、形式化文档（仿真文件、结果文件、仿真报告和其他文件）、用户权限数据库等。数字孪生则包括工业生产设备、传感器采集的实时数据等。

（2）OSLC 处理层。将基础组件中的模型数据和设备管理、传感器硬件接口所收集的数据转化为 OSLC 服务。系统工程师可以 OCP（Oracle certified professional，Oracle 数据库认证专家，OSLC 社区计划）给定的标准作为参考模型，制定企业内部的数据集成标准。

（3）前端平台调用层。包括数据显示前端、分析决策平台和目前生命周期中的各平台客户端。其他存在的产品开发平台也可以调用 OSLC 服务。

综上所述，数字化创业企业团队要想做好产品的全周期规划，需要彻底了解客户需求，精心策划设计、开发、测试、上线、运营及改进等环节，同时保证所有数据记录是真实的、完整的、连续的和可追溯的。

第三节　数字孪生：用数字科技建立虚拟的中间世界

对于数字化创业者来说，数字孪生是一个新事物，指的是先在一个数字时空里将要做的事情模拟一遍，看看能不能达到成熟水平，再决定这个数字产品是否需要进入工厂，通过制造转变为实体产品。

数字孪生不仅可以提高企业运行效率、优化产品设计，还能提升智能决策水平、降低成本以及改善客户体验等。随着技术的不断进步和成熟，数字孪生几乎已经覆盖目前的所有产业领域。

新的数字智能化企业拥有"产业智能体"，一旦跟传统制造业企业相结合，智能企业很可能会引领传统企业向前走。"以虚拟引领现实"为数字创业者提供了"市场插位"的机会。

数字孪生是在 MBD 基础上发展起来的。企业在实施基于模型的系统工程（model-based systems engineering，MBSE）的过程中，会产生大量的物理的和数学的模型，这就为数字孪生的诞生与发展奠定了基础。

数字孪生（digital twin）的思想最早由密歇根大学的迈克尔·格里菲斯教授和 NASA（National Aeronautics and Space Administration，美国国家航空航天局）专家约翰·维克斯共同提出；之后，在 2002 年迈克尔·格里菲斯教授在其所著的《几乎完美：通过 PLM 驱动创新和精益产品》一书中指出，数字孪生共包括三个组成部分：物理空间的实体产品、虚拟空间的虚拟产品、物理空间和虚拟空间之间的数据和信息交互接口。

因此，数字孪生早期被叫作"信息镜像模型"，之后才有了"数字双胞胎"或"数字映射"。

数字孪生的核心是"孪生"，但要想全面理解数字孪生，却需要先理解数字化模型，然后进行引申。

在工厂厂房和生产线没有建造之前，需要先搭建数字化模型，在虚拟空间中对工厂进行仿真和模拟，并将真实参数传给实际的工厂建设。在工厂厂房和生产线建成后，数字化模型就会宣告退出，只有厂房和生产线继续进行信息交互。

数字孪生是一种超越现实的概念，是一个或多个重要的、彼此依赖的系统的数字映射。也就是说，数字孪生可以实时动态地反映物理产品（厂房和生产线）或系统的运行状态，用于进一步地仿真、分析和优化等。在物理产品（厂房和生产线）持续运行过程中，随着其状态和运行环境的不断变化，产品的数字孪生体也会随着数据的流入而反映实际产品的状态。如此一来，就等于在虚拟实际中完全镜像了物理实体，且物理实体如何运行、状态如何变化，镜像体也相应运行、变化，二者的状态变化几乎一模一样。由此可见，数字孪生是采用信息技术对物理实体的组成、特征、功能和性能等进行数字化定义和建模的过程，其本身是在计算机虚拟空间中存在的、与物理实体完全等价的信息模型，可以基于数字孪生体对物理实体进行仿真分析和优化。

后来，经过人们的不懈努力，支持虚拟产品开发和维护的信息技术得到迅猛发展，虚拟产品的信息表达越来越丰富。2010年，NASA将"数字孪生"的概念引入空间技术发展计划；次年，其又将"数字孪生"应用于下一代战斗机：在物理战斗机上部署了一套传感器系统，高频记录实际飞行时的六自由度加速度、表面温度和压力读数，每小时数据量达到 1 PB。NASA 将这些数据输入高保真度的虚拟模型，对主要结构件进行疲劳寿命和可靠性分析，测试其剩余的使用寿命，及时更新、维护和更换研发计划。

一、数字孪生与数字模型

2012 年，NASA 对数字孪生进行了概念性描述：所谓数字孪生，就是充分利用物理模型、传感器更新、运行历史等数据，集成多学科、多物理量、多尺度、多概率的仿真过程，在虚拟空间中完成映射，反映对应的实体装备的全生命周期过程。

2016 年在西门子工业论坛上，西门子公司总结了数字孪生的组成，包括产品数字化双胞胎、生产工艺流程数字化双胞胎、设备数字化双胞胎。

数字孪生能够完整、真实地再现企业，并以产品生命周期管理系统（product lifecycle management，PLM）为基础，为制造企业的产品研发与制造提供巨大帮助。

通用公司基于其工业互联网平台 Predix，将数字孪生技术从产品装备延伸应用到智慧工厂、智慧运营等领域。

为了提升风场的整体运营效率，通用公司将数字孪生应用于智慧风场。在设计阶段，通用公司为风场建立数字（孪生）模型，收集风场的地形、气象等相关数据，从而确定合理的风机布局以及每个风力涡轮机的参数配置。投入运营后，工作人员将收集到的地形数据、天气数据、器械性能参数等反馈到数字（孪生）模型中，用于风能预测分析和风机运转维护，调整每个物理风机的特定参数（发电机扭矩、叶片转速等），优化风场发电效率和设备可靠性。

由此可知，数字孪生不仅可以采集当前的环境和性能等数据，了解系统和产品的过去，洞悉系统和产品的现在，预测系统和产品的未来，还能有效模拟、监测和控制运行流程，达到优化性能、效率和供应链等目的。

二、数字孪生与数字样机

数字样机（digital mock-up，DMU）是指在计算机上呈现出来的机械产品整机或子系统的数字化模型，其与真实物理产品的比例是 1 : 1。产品数字样机形成于产品设计阶段，以 CAD/CAE/CFD 技术为基础，主要被用于产品干涉检查、运动分析、性能仿真、制造仿真、维修规划等方面，可以验证物理样机的功能和性能。

数字样机是数字孪生的基础。将数字样机与物理产品或系统的数据进行关联，再配上数据分析模型，就形成了数字孪生。因此，数字样机的功能更像升级后的数字模型，它具有反映产品实时性能和运行状态的能力，可以帮助企业更好地设计、制造、运行和维护产品。但数字样机没有数字孪生所具备的超动态性和双向反馈等特点，虽然它能为待生产和设计的产品或系统提供数据，却不能接受已生产的产品或系统生成的数据，因此无法提供实时预警、预测性维护和动态优化等只有数字孪生才具备的功能。

三、数字孪生与数字主线

如今，为了实现数字孪生，许多关键技术已经被开发出来，如多物理尺度和多物理量建模、结构化的健康管理、高性能计算等。但要想真正实现数字孪生，还需要集成和融合跨领域、跨专业的多项技术，需要大量数据做支撑。这里的数据，不仅包括来自 PLM 的 CAD/CAE 模型和设计数据，也包括来自 ERP/MES 的制造履历和供应商数据，还包括来自服务系统的备件、维修记录等，以及来自物理产品的性能、工作状况、环境参数等。当然，实际数据远不止这些。

数字主线和数字孪生是企业数字化建设的核心技术，两者相辅相成，需要平行发展，既不能瘸腿，更不能缺失。数字主线是一个连接、无缝的数据链，可以将用户需求、产品设计、生产和服务等业务环节的数字模型有机衔接起来；数字孪生则通过数字主线中各具体业务环节的数字模型，结合相应的算法模型，进行仿真、分析、维护和优化，并通过视觉化形式推送给前端用户。

如今，数字孪生已经被广泛运用于工业领域，并向其他领域强势蔓延，是各行业企业进行数字化建设不可或缺的技术。数字孪生是一个极具颠覆性的概念，可以预见，它在未来必将取得足够的成熟度，但短期内还需要建立中间过程的里程碑目标。

数字孪生不仅停留在产业设计和制造领域中，企业运营的所有过程都可以产生数字化映像，用来模拟、优化和预测企业运营过程。例如，通过摄像头收集到的数据，可以得到街区的人流平均值，之后企业就能在街区开一个模拟店，预测具体的销售额。

　　基于一些数字化创业企业的实践，下面对数字孪生做一个系统性的总结。

　　（1）数字孪生系统可以降低企业的运营成本。该系统可以提前检测到问题，并进行模拟和分析，为企业提供切实的解决方案，从而减少制造和运营后期的成本。

　　（2）使企业在决策时更有决策力。数字孪生系统能够提升效率，帮助企业优化生产流程，提高生产率和效率；同时，还能进行数据分析和预测，做好资源规划和预算，提高企业的决策力。

　　（3）降低新产品设计与应用上市的失败率。数字孪生是基于数据生成的整体模拟环境，可以改进设计和创新；还可以模拟复杂设备和环境，为企业提供真实的仿真测试，降低新产品设计与应用上市的失败率。此外，企业也可以结合这些数据寻找更具商业价值的点，拓展新领域，并快速迭代验证。

　　（4）支持跨部门协调和虚拟协作。数字孪生可以更新对全产业链的认知，突破地域限制；可以把公司不同部门及供应链合作伙伴的数据链接在一起，支持跨部门协调和虚拟协作，缩短开发周期。

　　（5）优化产品和服务。数字孪生系统可以提供更友好的界面，实现跨企业的数据整合。系统被连接至物联网设备或工业系统数码孪生体，能够更轻松地进行数据收集和处理，帮助企业建立完整的跟用户有关的数据视图，准确认识消费者需求和行为，优化产品和服务，使其更贴合客户需求。

第四节　数字中台：构建企业内通用、共享的业务中心

数字中台是庞大、开放的平台型企业的生态基础设施的一部分，很多数字化创业者是在大企业的数字化中台基础上起家的。

为了建立自己的技术生态，平台型数字化企业会提供 API（application programming interface，应用程序编程接口）。为了培养自己的技术生态，数字化企业会拿出部分技术用于做产品，将另一部分技术开放供大家使用。

数字中台是一个灵活的、高效的、可定制的平台，有助于数字化企业实现多个业务系统的集成与协同，提高客户满意度和代表生产效能的业务指标。

多数数字创业者只是庞大数字技术生态的使用者，不是原创者，他们在大企业的中台上可以发展出自己的业务类型。

数字经济时代，企业竞争的本质已经从争夺资源和存储资源演变为优化资源配置效率，用数据驱动业务适应变化的市场和用户需求。企业必须从数据层面打通各业务单元，实现快速重组。

以往用于提升效率的"烟囱式"业务系统，以及用于积累信息流量的"孤岛式"数据系统，已经无法适应数字时代的要求，"中台"的概念便应运而生。

"中台"源于中国互联网企业的快速发展，更是外部竞争环境不断变化的产物。中台架构的基础是传统的"前台 + 后台"，其中，前台是与终端用户交互的应用，后台是运营这些应用的各种系统。随着用户需求的快速变化，前台应用需要快速迭代，后台系统则要力求在快速迭代应用的过程中保持安全性和稳定性。前台要求快速，后台要求稳定，势必会带来前后台迭代速度不一致的矛盾。中台的出现，就能更好地解决快速迭代和增强稳定性之间的矛盾。

中台将后台中的通用能力和业务逻辑进行拆分，形成了"应用层（前台）→逻辑层（中台）→数据层（后台）"的三级架构（见图 5-3）。

图 5-3　中台架构

更具创新性、灵活性的"大中台、小前台与小后台"的业务机制，可以做到：让作为前台的一线业务更敏捷、更快速地响应瞬息万变的市场；让中台汇集企业的运营数据、产品技术，支持前台业务；让后台按照自己的节奏稳中求进，仅在非必要时与中台联合行动。

企业打造中台战略的核心是将不同业务线一起运用于数据和技术（软硬件及技术分析工具），进行整合和沉淀，构建统一的共享数据体系，以支持前台的业务需求。

中台架构的典型代表是业务中台和数据中台，这也是企业中台建设中不可或缺的两个部分。业务中台和数据中台的定义如下。

（1）业务中台。围绕"积累、标准、迭代"三步固化企业核心竞争力，并通过能力产品化的方式打造可供各业务单元调用的接口（一致的、标准的核心能力服务包），以供不同前台直接调用。

（2）数据中台。围绕"打通、整合、共享"三步，将海量的、多维的企业数据资产进行建模、聚合和分析，为前台提供数据资产、创新数据定制、数据监测与数据分析等服务，最终盘活数据资产。

此外，还有技术中台、组织中台、AI中台等，此处不一一赘述。总之，企业要更加深入地了解自身需求，明确重点或优选中台，以应用为导向，摒弃跟风心态，以业内领先企业的建设宗旨，抓住中台的本质。

这里，我们再谈一下中台与步速分层思想。

步速分层思想于2010年被首次提出，即步速分层模型，可分为数据源系统层、差异化系统层和创新系统层（见图5-4）。根据不同的迭代速度将业务系统进行分层，企业就能为不同层级的系统制定系统治理和运营维护策略，以较低的成本和风险获得更高的业务价值和更优的 IT 投资决策。

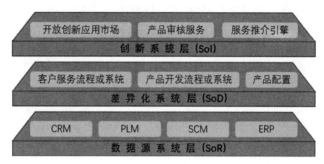

图 5-4　步速分层模型

（1）数据源系统层（system of record，SoR）。该系统层提供了企业的核心业务能力，也是企业的主数据源，具有稳定和安全、投入大、周期长等特点，不会频繁更换，步速缓慢，一般在 5 年以上。常见的业务系统有 PLM、ERP 等，这些都属于数据源系统。这类系统经过几十年的信息化建和积累，已经成为全行业的标准配置，并非特定产品或业务所独有的功能。

（2）差异化系统层（system of difference，SoD）。该系统层可以为企业提供独特的产品和服务，该层的应用程序体现了独特的业务模式和管理模式，是企业差异化竞争战略的重要组成部分。该层系统可以提供很多业务功能，可同时包括 SoR 和 SoD 层的功能，虽然变化不太频繁，但需要敏捷地响应不断变化的市场和用户需求，步速适中，一般为 1 ～ 3 年。该层的治理不仅能体现企业的综合实力，还能充分发挥数据价值，如面向用户提供个性化定制功能，可在不增加销售成本的情况下，为用户提供更多选择。

（3）创新系统层（system of innovation，SoI）。该系统层是临时构建的新应用程序，可以解决新的业务需求或机遇，或者用于业务和技术的创新验证。该层应用的特性是快速敏捷，能够快速响应前端需求的变化，步速很快，一般在 0 ～ 12 个月。该层的应用通常是核心业务功能之外的功能，主要依靠部门和外部资源进行开发实现，可以简化其管控能力，出现故障时企业的风险较小。

企业要根据步速将业务系统分层，制定相匹配的系统治理和运营维护策略，充分发挥各层系统的优势，提升系统的整体运营效率。中台是一种体系架构，既能快速响应前台需求，又能保证后台的稳定性和可靠性。因此，步速分层和中台虽然在某些理念上有一定的相同之处，但因为各自的出发点和目的性不同，所以具体功能也不尽相同，处于中间位置的 SoD 更像是面向终端用户的伪前台系统。

第五节　数字特权：用数据洞察人心

我们经常说"未来已来"，但未来是"豆大的灯火"，可能需要从 99% 的无用信息中找到 1% 的价值信息，这就是数据洞察。由于受到偏见和价值观的影响，人类一般会选择性地看见，但智能体是中立的，能够帮助创业者纠正自己的认知，这就是智能体的价值所在。

数字洞察是企业实现消费者需求洞察的有效方式，企业要想真正满足消费者的需求，需要快速反馈，增强客户的沟通与参与，建立和打造完整、可持续的客户关系系统，更精准地了解消费者需求，并将其转化为企业商业机会。

"一秒就能化身用户的人"是"微信之父"张小龙对"苹果之父"斯蒂夫·乔布斯的评价。

在许多产品经理都在思考"消费者需要什么"时，斯蒂夫·乔布斯却不存在这方面的疑虑，他依靠对用户的超强洞察力，打造出了 iPhone、iPad、MacBook 等神一般的产品。

在数字时代之前，要想拥有像斯蒂夫·乔布斯那样的用户洞察力，只能寄希望于自己的基因。但在数字时代到来后，每个人都有机会成为下一个斯蒂夫·乔布斯。

所谓大数据智能交互，就是在用户数据与人交互后，在底层通过数据的方式将不同人群的需求细致地、颗粒化地进行分析与还原，最终将产品设计与用户需求一一对应。

通常，服装品牌会提供 8 个尺码的牛仔裤，这是人们在正常接受范围内的标准，可以按照身高或体重做出选择，但身材非正常标准的少数人则会出现这种感觉：够长的裤子有些肥，肥瘦正好的裤子有些短……怎么办？

一些品牌商的回答是：裤子都是按照标准尺码制作的，只能这样，要么将就点，要么"自己动手，丰衣足食"。

Gap 品牌的回答是：我们能提供 44 个尺码的牛仔裤，大家来试试，说不定就能找到一条真正适合自己的。

如果是你，会选择哪一家？当然是 Gap，因为总有一条适合你。Gap 为消费者提供了多种选择，满足了更多消费者的需求，多出的 36 个尺码的背后代表了无数在一般服装店找不到合适尺码的顾客。

可见，谁能更精细、更准确地满足消费者的更多需求，谁就更容易赢得市场的欢迎。但现实是，多数产品想要满足用户需求并不像延展尺码这样简单，因为精细需求本身是很难发现的，产品设计就像开盲盒，有的需求可能并不是真正受欢迎的。

数字时代，为了彻底打破"盲盒式产品设计"，数字特权向我们走来。所谓数字特权，就是企业利用掌握的数据对用户行为进行分析和预测。

今日头条能够在极短时间内成为主流咨询平台，主要基于数字特权的信息发放逻辑。其提前设置了很多埋点以获取手机用户数据，之后运用用户数据"喂养"算法，掌握用户喜好，然后再根据各用户的偏好为他们"量身定做"，给他们推荐他们喜欢的信息。因此，不同的人打开今日头条的首页，会看到不一样的内容。体育迷的首页一定是各类体育赛事的新闻，足球迷的首页浓缩为足球类信息，喜欢商业信息的人会最先阅读各种商业消息，影视迷的首页则是各类影视明星和剧情……因为个人兴趣不同，了解、咨询的优先级就不同，正是依靠这样的海量用户行为数据，今日头条在咨询平台产业中抢占了数字特权。

字节跳动旗下的抖音延续了这种成功的路径。用户只要打开抖音，首先跳入眼帘的基本上就是用户喜欢的内容；有的用户甚至根本就不知道打开抖音想看什么，抖音却悄悄地把用户最感兴趣的视频一条条排列出来，等他鉴赏了。

有了全局性的消费行为数据，企业就能先人一步理解消费者的未来需求。"未来知情权"是一种商业特权，那么对用户的需求洞察是如何实现的？我们可以简单总结一下。

首先，在用户访谈中，用户可能会口是心非或迷茫不知所措；与此相比，数据更加真实。只要是用户做过的事，就会被记录下来，做的次数多了，则会形成数据记忆。拥有数字特权的企业就能根据数据记忆准确地预测出用户喜好，并据此引导用户的行为。只要认真收集数据，然后对数据进行分类、分析和挖掘，就能洞悉消费者的行为、偏好、需求等信息。一句话，数字化创业者可以利用大数据技术和人工智能算法提取有效信息，获取目标市场的真实情况。

其次，开展让用户讲真话的有价值的用户调研。通过在线或离线用户调查、面谈、用户访问网站反馈、社交媒体上的用户评论与留言等方式，收集客户的意见、建议，企业不仅可以获得新的想法和补充信息，也有助于落实细节方案，制订更有序的执行计划。这也是很多企业的创始人喜欢到第一线视察工作的原因。

再次，定向收集竞争对手的数据，监测竞争对手的动向。对竞争对手的市场活动、广告扩散、产品优化及销售策略进行定期监控，企业就能掌握增加差异化竞争力所需的知识储备。

最后，还有两个运用于消费者洞察的技术系统。第一个是测试／反馈技术。使用 A/B 测试等技术，可在有限范围内比较两个或多个变体，评估某项决策的优劣。技术支持反馈机制是收集客户启发式反应的最有效的渠道之一。比如，设计手机的时候，一个样本有多个概念图，可将其先发布出来用于收集用户体验数据。第二个就是通过人工智能预测需求。创业者收集了很多数据，通过算法结构化数据、深度学习、机器学习等人工智能技术，就能预测消费者未来的行为与需求趋势，驱动战略和实施决策。

下篇　实操落地

第六章　数字化创业的团队构建

在数字化时代，创业门槛不断提高，基于对数字化社会的全局认知，创业企业应构建具有异质能力的团队，主要内容包括：培养关键领导人才，将企业愿景目标和数字化前景结合起来；培养出色的技术人才，使用编程语言和深度学习架构将愿景和目标变成架构；培养产品经理，将企业内外资源整合起来，形成有竞争力的产品。此外，整个团队还要培养出色的审美能力，具有超群的审美格调。

第一节　数字创业领袖的特质

数字化企业的打造是一项全方位的工程，但切入点是对创业团队的打造，第一锤一定是敲打在创业团队领袖（创始人）身上的。作为创业企业的全局观察者和流程掌控者，团队领袖的脑海中要有一幅完整的创业图，即使这幅图不一定完全正确，但"将事情做正确"依然是对团队领袖的基本要求。

企业进行数字化建设，关键在于创业领袖是否具有数字化企业建设的认知，因为数字化建设的决策制定、关键节点把控和角色分配等环节都需要他来确定。同时，创业领袖还要对企业数字化建设过程中应解决的问题有一定的预期和准备，比如，各部门如何协调合作，参与数字化建设工作的成员的 KPI（key performance indicator，关键绩效指标）如何制定，数字化建设的不同阶段如何验收，等等。

要想取得良好的效果，创业领袖需要对数字化建设的整个过程有深刻的认知。而要想实现这一点，数字化企业领导者就应该具备以下五项特质。

一、对组织如何适应这个数字世界有着清晰的规划

数字化创业领袖不仅要能够构思出被组织可理解、可执行、可共享的计划，在执行过程中，还要有能力将数字化理念融入业务流程的各个组成部分，而非计划中的离散项目；不仅要让计划中的每个利益相关者都能清晰地看到数字化的潜在投资回报，并能清楚地了解自己应如何为这一过程做出正向贡献，还要设定一个较长期的计划来影响、改变和建设企业，同时明确战略会随着市场条件和用户期望的变化而发展。

二、不断输出好的产品和经验

过去的市场竞争虽然激烈，用户需求虽然强烈，但用户的期望值并不高，而且具备极高的容忍度。如今的市场竞争不仅更加激烈，用户需求还变得更加多元，期望值也更高，容忍度变得越来越低了。因此，秉持"我努力打造产品，用户就会自己上门"的旧有经营理念，根本无法立足。

如今，用户的期望值更高，可选性更强，只专注于用心输出，已经无法俘获用户的心。即使企业努力打造产品，用户也喜欢企业的产品，但多数用户依然无法完成向消费者的转化。而数字化创业领袖往往都能从用户喜好出发，为用户提供更讨他们欢心的产品和体验。此外，数字化创业领袖还有能力为持续改良而制订预算和计划，并每天增加价值，直到决定下架产品或关闭体验。

三、构建可扩展、灵活且安全的平台

在非数字化创业领袖看来，技术基础设施是成本的一部分，甚至还是成本的核心。数字化创业领袖却认为，技术基础设施不是成本，而是推动企业成长和加快实现价值的资产。

以用户为中心的平台一般都具有可扩展性、灵活性和安全性。事实上，为了增强新产品功能并快速将新产品推向市场，数字化企业都需要拥有正确的工具和技术基础设施。

四、利用数据和洞察力推动组织发展

非数字化创业领袖之所以要保障数据不被竞争对手挖掘和捕获，只是为了让它们处于休眠状态；而数字化创业领袖之所以要保障数据不被竞争对手挖掘和捕获，是为了让数据提供的见解和激发的行动同样有用。

在数字化业务中，数据、洞察力和具体行动在组织内的各个层面都至关重要。数字化创业领袖能够掌握全面的数据并对其进行分析、优化，从最高管理层到产品生产再到销售团队，提高决策的针对性和正确性。

五、紧跟数字化进程的脚步

真正的数字化创业领袖不仅保持着不断革新的思维模式，还能在企业内部持续打造激发实验和快速迭代的环境。他们不仅希望自己的思维更敏捷，更想将其运用到组织建设中，促进好结果的生成，而不仅仅考虑完成度。

通过以上表述，数字化创业领袖的一般事务内容显而易见。在对全球数字化领域的一些企业家进行综合分析后，我们完全可以按照权重排列，总结出数字化创业企业对于创业领袖的一般要求，即创业领袖需要在客户驱动建立的基础上，充分认识用户是企业存在的根基，创新战略思维，扩宽技术视野，努力促进企业发展。同时，在组织管理领域，数字化组织是一种敏捷协同模式；在业务开展进程中，还需要经历几次流程再造式的变革管理。这一切对于数字创业领袖的身体和心力来说，都是一种挑战。

总之，数字化时代的企业创业领袖需要考虑企业数字化转型与数字化营销，要保持对业务模式、技术路线和竞争对手的洞悉和预测，具备洞见和远见、批判性思维、卓越领导力和良好的沟通和协调能力。

第二节　数字创业团队的定义与特征

创业团队通常由两人或两人以上组成。团队成员一起创立或管理新企业，具有共同愿景，拥有一定的股权。

数字创业早期，主要依赖于改造信息技术或创造创业活动。随着数字经济的不断发展，这样的定义已经不符合实际情况。经过经济学家的不断修订，数字创业被重新定义为：为了适应数字经济发展，数字创业主体利用数字技术识别、开发、实现和改进数字创业机会，不断提供数字产品和数字服务的过程。

基于以上关于创业团队和数字创业的研究，数字创业团队也有了新的定义，即由两个或两个以上具有共同目标、利用数字技术开展数字创业活动、主要负责企业数字战略决策和持续运作的人所组成的团队。数字创业团队有狭义和广义之分。狭义的数字创业团队是指从创立企业之初就利用数字技术开展创业活动、创造数字产品或服务的团队；广义的数字创业团队既包括新创数字化企业中的团队，也包括企业数字化转型的团队，还包括企业通过数字技术进行二次创业或商业模式创新时组建的团队。

相较于传统的创业团队，数字创业团队在团队构成、团队认知、团队管理、团队决策和团队运作五个方面呈现出新的特征。

一、团队构成开放化

传统的创业团队的成员在教育背景、技能范围、经验积累和从业经历上存在一定的差异，但因团队成员通常在家人、亲属、同学、同事、朋友、邻居等强关系内，故在某些构成方面创业团队具有一定的相似度。数字创业则是以数字网络为依托，解除了文化差异性、时间和地理空间的限制，只要团队成员能在规定时间内完成规定的任务，就可以在远程人员之间完成一项关联创业。这种不设限的创业人员接入方式可以极大地提高数字创业团队成员的构成质量。

二、团队认知能动化

传统的创业团队往往凭经验和直觉判断外部市场变化和解读市场需求，整个团队在认知层面存在极大的错误概率。数字技术的出现和发展不仅改变了人们的惯常思维方式，也改变了数字创业团队的常态思维方式，使团队成员能够与数字环境进行持续交互。大数据、云计算、区块链、5G、人工智能、3D打印等数字技术术为数字创业团队开展创业活动提供了更丰富的资源，这些资源反过来又有利于创业团队深度认知创业机会，使其可以更有针对性地开发创业机会和整合资源。

三、团队管理智能化

传统的创业团队多数依赖于某种科学的管理理论开展管理工作，加上受到自身能力不足和市场情况纷繁复杂的限制，管理效率一般都不太高。而数字创业团队不仅重视科学管理的理论基础，还可以利用先进的技术提高管理效率：一方面借助相关软件完成简单的、重复性的管理工作，另一方面借助人工智能模拟人类的思维模式和行为，以完成高水平的、高难度的管理工作。

四、团队决策最优化

创业是一个持续地使内部实况和外部环境相协调的过程，传统的创业团队是在有限理性下实现创业决策与内外部环境相协调的，协调的结果不一定能适应市场的变化。数字创业团队却可以利用高度精确的计算系统，高效地自主采集与录入数据，再通过数字技术模拟具体情境并对比前期事件提供多种备选方案，减弱有限理性和信息不对称的约束，最大程度地优化数字创业团队的决策环境。数字化决策虽然不可能做到百分之百正确，却可以通过最优化无限接近完美决策。

五、团队运作连通化

基于传统互联网和移动互联网技术的传统的创业团队，虽然允许成员在必要时借助互联网远程技术处理相关工作，但在大多数情况下依然要求成员在企业内完成自身工作。

仔细观察国内外的一些数字创业团队，如美团等，我们就能发现团队成员的基本特征如下。

（1）多学科背景。团队成员拥有多学科背景，在自己的领域里都是有造诣的主动努力者，多数还是连续创业者，在团队中能够独当一面。

（2）经验丰富。创业者掌握着丰富的数字化领域的经验，懂得如何运用数字技术，成为合作伙伴后，可以更好地满足业务发展需求。在协作过程中，他们善于抱团合作；在人事上，团队成员都具有成熟的心智。其内核已经包括挑选机制。

（3）敏感而谨慎。数字化团队成员会基于数据思考，往往很敏感、很谨慎。

（4）操作谨慎。数字化领域是快速变化的行业，团队成员不仅要在战略上认清事实，也要在细节上注重实际操作的谨慎性，需要制订明确的目标和计划，并在工作过程中及时调整和优化，以便更有效地实现目标。

（5）思维有创造性。数字化创业领域的产品和服务迭代很快，要想更好地解决复杂问题，推进业务发展，数字化团队需要具备创造性思维。同时，不要基于一个点子进行创业，要采用融合型的多点进行组合式创新。

第三节　数字创业团队的理论框架

数字创业团队是开展数字创业的主体，如何实现有效性是团队需要掌握的核心问题。

下面，我们就借助"I-P-O范式"构建数字创业团队的理论框架，解释数字创业团队在创业过程中如何发挥主体作用。这里，数字创业团队的创业过程是P（process，过程），影响因素是I（input，输入），结果产出是O（output，输出）（见图6-1）。

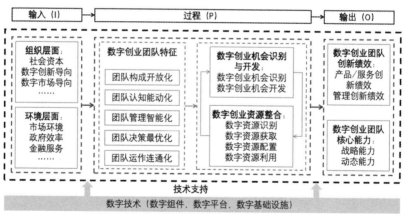

图6-1　数字创业团队的理论框架

（1）数字技术。数字技术主要包括数字组件（digital components）、数字平台（digital platform）和数字基础设施（digital infrastructure），是数字创业的底层技术。

（2）数字组件。数字组件主要指为终端用户提供具体功能和价值的新产品或部分服务，主要包括数字配件、应用程序或媒体内容等，如移动设备上的应用程序。

（3）数字平台。这是一组共用的服务和体系结构，如安卓系统。

（4）数字基础设施。这是一种技术工具和系统，主要提供通信、协作和（或）计算能力，如大数据、云计算、3D 打印等。

数字组件可以看作数字平台的构成部分，二者一起对产品或服务的特性、范围和市场覆盖范围产生影响，而数字基础设施主要对开展数字创业的时间和地点产生影响。

在数字创业团队的创业过程中，数字组件、数字平台和数字基础设施发挥着技术支撑的作用，具体表现在以下两点：首先，数字技术的可再编辑性和可重组性打破了创业过程的边界，有利于数字创业团队识别与获取创业机会；其次，数字技术的运用降低了数字创业资源的获取和使用成本，有利于数字创业团队整合数字创业资源。

一、数字创业团队创业过程的影响因素

数字创业团队创业的影响因素主要涉及组织和环境两个层面。

首先，在组织层面，主要包括社会资本、数字创新导向和数字市场导向。

（1）社会资本。数字技术的运用有助于数字创业团队获取更多有价值的社会资本，可概括为两点：① 数字平台扩大了企业的社会网络，有助于数字创业团队获得更多信息和资源；② 数字生态系统能够高效整合系统内的专业知识、资源和意见，优化数字创业团队的决策基础。

（2）数字创新导向。组织的数字创新导向越高，数字创业团队就越注重产品或服务的新颖性。具体可概括为两点：① 高数字创新导向的组织更注重新技术的应用，可以助力数字创业团队利用数字环境中的异质性资源识别数字创业机会，不断创新产品和服务；② 为了获取竞争优势，高数字创新导向的组织更愿意创造用户需求，如此就能极大地促进创业机会的开发和资源的整合。

（3）数字市场导向。组织的数字市场导向越高，数字创业团队就越能适应多元动态的数字化环境。具体可概括为两点：① 高数字市场导向的组织倾向于高效率、连通化的运作方式，可以助力数字创业团队获取更多与用户、竞争对手和外部环境相关的信息和资源；② 数字创业团队可借助数字平台的可扩展性提高自身的数字市场导向，与数字环境持续互动，加强数字创业机会的开发和数字创业资源的循环作用。

其次，环境层面主要包括市场环境、政府效率和金融服务。

（1）市场环境。市场环境具有高度不确定性，数字创业团队难以准确识别与开发创业机会，更难整合所需资源。面对不断增强的竞争强度与数字平台提供的创业优势相对不足的现状，能否持续稳定地进行价值创造，决定着数字创业团队的生存发展空间。

（2）政府效率。政府效率越高，为数字创业团队提供的数字基础设施和公共服务越到位，则数字创业团队的决策、管理和运作的成本就越低，效率也越高，这就为识别与开发创业机会、识别和整合创业资源提供了有力支撑。

（3）金融服务。金融服务水平的提高大大降低了数字创业企业的融资难度和成本，这为数字创业团队的管理和运作提供了资金支持。

二、数字创业团队创业过程的结果产出

数字创业团队创业过程的结果产出主要包括创新绩效和核心能力两方面内容。

（1）创新绩效。数字创业团队大力开展数字创业，积极创造数字产品和服务，通过用户反馈或自主研究，就能发现数字产品和服务的不足之处，识别出新的创业机遇并开展新一轮的创业，改善数字产品或服务的特性和范围，创新数字产品和服务。数字技术促进了团队内的沟通，成员能够更便利地表达和交流观点，提升了数字创业团队的管理创新绩效。

（2）核心能力。在创业过程中，数字创业团队会加强成员之间的互动，并促使成员从多角度看待问题；数字创业团队洞察和把握数字市场态势的能力逐渐提高，进一步促进了数字创业战略的规划、制定、评估和执行。

良好的创业氛围能使数字创业团队的数字资源得到高效利用，这不仅有助于资源优势的形成和发挥，还能进一步促使数字创业

团队业务能力的持续提高。

从实践来看，数字运营团队往往是一个无边界的融合型团队，即使回到理论运用上，拥有实战经验的团队在工作时也不会局限于某一个理论。他们不会思考 A 理论有用、B 理论不行，只关注 A 理论和 B 理论的融合，从而实现理论创新。

数字化创业团队的事业目前还不能被简单定义，不过它们可能创造出一种理论和需求的新态势。这时候，企业就可以采用"卓越运营管理"组织日常管理，然后将敏捷管理、创新管理、数字转型、数据驱动决策、客户体验管理等融入其中；同时，在技术领域可以将智能制造和工业互联网进行融合，实现独特的边缘生存。

如今，竞争白热化的地方已经没有市场机会，只有主动来到边缘，在大融合中崛起，数字化创业者才能取得成功。

第四节　数字创业团队的创业过程

数字创业过程是数字创业团队的特征（基础）、数字创业机会的识别与开发（正式起步）、数字创业资源的整合（支撑、保障）等要素相互适配、重构拓展的过程。

一、数字创业机会的识别与开发

在数字技术社会化的过程中，数字创业的边界会经历一个从离散、稳定、不渗透向延展、流动、多孔转变的过程，数字创业过程的边界会愈发模糊，为了有效识别和开发数字创业机会，数字创业团队需要准确把握数字市场的发展态势。

数字技术的运用为数字创业团队的机会识别与开发提供了三个有利条件。

（1）数字组件的可再编程性和可重组性为数字创业团队识别和开发多元化的创业机会提供了便利。

（2）数字平台为不同数字创业团队的互动提供了条件，更有利于数字创业团队探索创业机会。

（3）数字基础设施的运用让用户、供应商、投资者等价值主体参与数字创业成为可能。

二、数字创业资源的整合

数字时代，虽然外部环境的不确定性更强，但数字创业团队识别、获取、配置和利用内外部资源的效率也更高，主要体现在以下四点。

（1）数字市场中的文字和图像等资源以无形化的形式存在，提高了资源的识别速度。

（2）数字技术赋能数字创业团队，使团队成员可以在短时间内捕获海量数据，提高了资源的获取速度。

（3）人工智能技术可以帮助数字创业团队更精准地筛选出与需求相匹配的信息，实现资源的有效处理和优化配置。

（4）数字创业资源可进行无须中间环节的端对端传输，不仅可以降低数字创业资源的使用成本，还能提高数字创业成本的利用率。

三、数字创业机会和数字创业资源的相互影响

数字创业机会的识别与开发离不开数字创业资源的支持，而数字创业资源的整合也离不开数字创业机会的识别与开发的需求，具体表现为以下两点。

（1）数字资源具有虚拟性和易整合性。相数字创业团队使用数字技术收集海量的数据信息，不仅能减少评估和验证创业机会的成本与时间，还能提高识别和判断数字市场的创业机会及变化趋势的速度。

（2）在数字创业机会的识别与开发过程中，会不断地对数字创业资源产生需求，要想实现数字创业资源的有效转化和利用，数字创业团队须对数字资源进行系统的识别、配置和利用。

四、数字创业团队的特征对数字创业机会和数字创业资源的影响

数字创业团队构成的开放化，可以促进其成员的交流与学习，有利于数字创业机会的识别与开发，便于数字创业资源的整合。

数字创业团队的认知能动化，可以使其在复杂的环境中识别

出与团队认知框架相符的数字创业机会，并主动搜索、获取和配置数字创业资源。

数字创业团队的管理智能化，可以减少其在烦琐流程上耗费的时间和精力，为创业展开和创业过程节省大量的时间成本。

数字创业团队的决策最优化，可以降低其识别与开发数字创业机会及整合数字创业资源的风险，提升创业过程的稳定性。

数字创业团队的运营连通化，可以满足其成员在非工作时间和非工作地点开展创业活动的自主性需求，促使成员更主动地识别与开发创业机会、整合创业资源。

以上就是数字化创业的一般流程，但在整个创业过程中，依然需要汲取传统创业者的经验和教训。在设计商业模式时，数字化创业者不能忽略短期生意，不必进行一轮又一轮的融资，在商业领域一定要先跑通再做大，要注重现金流的管理，这也是多数创业者留给我们的教训。当然，如果拥有战略投资者，团队就能一直向前跑，实现"闪电式创业"，但对于多数创业团队来说，行稳致远依然是最基本的生存哲学。

第五节　数字化领导力模型

数字化时代，企业组织架构发生了根本性变化，组织内价值创造的途径、信息流动的方式、决策发生的逻辑，以及任务与任务之间、人与任务之间、人与人之间的连接形态都被一一革新或颠覆。若想在此变革阶段为企业指明前行的方向，则离不开全面进化的领导力。

事实上，被冠以"数字"的领导力并非新名词。自数字化理念出现以来，国内外许多研究机构和资讯类企业纷纷提出各种冠以"数字"或"数字化"的领导力模型。但这些模型的本质都是在既有的领导力词典里挑选出一些有助于适应数字化时代的能力素质，更强调如何适应数字化时代的变化，没有说明如何进一步拓展数字化时代的呈现，只能被称为"数字时代领导力"。

而具有拓展数字化时代的数字化领导力（digital leadership）是一个独创性的概念，以实现组织的数字化建设为使命。数字化领导力与传统能力素质模型在既有框架下搭建的数字时代领导力（leadership in the digital age）的区别如图 6-2 所示。

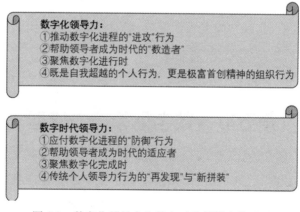

图 6-2　数字化领导力和数字时代领导力的区别

　　"数字化领导力模型"可以为未来的数字化领导者勾勒出一幅动态的画像。该模型主要涉及五个领导力维度，也可以说是五个领导力素质。

一、顶层思维

　　数字领导者强调宏观要素对引领和塑造企业的关键作用，需要具备大时代观、大历史感和大画面认知力。如果不能洞察或透视"已经发生的未来"，就不能真正把握时代脉搏，更无法在数字时代成为引领者。

二、数智创领

　　数字领导者需要对数据具有一定的分析能力，能够洞察数据背后可能存在的规律，不仅可以用大数据结合人工智能驱动组织变化，还要能前瞻性地制定数字化整体战略，引领组织的持续推进和迭代。

三、场景突破

　　数字领导者要了解创造价值和提供服务的核心场景在业务运营及组织管理方面的关联，运用人工智能打造彼此支撑、相互关联的中台，促使与数字化相关的种种努力紧扣企业使命和目标，为企业带来升级与升维。

四、组织塑造

在数字化转型过程中，作为构成组织要素的"人"将迎来新的存在方式、连接方式与协作方式。数字领导者需要充分关注组织的同步转变，借助数智赋能，创造以人为中心、深度连接、全方位协作的新型组织形态。

五、颠覆常规

数字领导者要打破现有的逻辑、形态与惯性，追求颠覆性的变化和创造，实现对组织、运营和业务发展的深度重构。这些努力一旦真正落地，组织就能获得重生，在现实世界和虚拟世界的相互渗透中发生全面蜕变。

此外，数字领导者必须时刻保持坚守道德与敬畏法律的信念，为数字化时代的企业建设与行业拓展建立"伦理墙"，打造积极、健康的数字时代经营伦理观。

谈及数字化领导力，很多读者可能会觉得比较抽象，事实上，数字化团队的领导者需要多角度看问题，最重要的着力点还是产品，因为只有不断地改进产品、服务和流程，才能提高企业绩效，实现客户需求满足的最大化。

所谓领导力，其实就是将大家聚合在一起实现短期目标、牢记长期目标的一种能力，领导者必须关注各个环节，优化资源、流程和团队，提升企业整体运营水平。例如，设计和改进产品及服务，缩减浪费；采用自动化流程提高效率；运用精益方法引导公司回归质量和价值创造；关注紧急事件，匹配市场变化，确保生产能力和客户满意度。只有眼里有整体，才是真正的领导者。

第七章　数字化创业的产品开发

用户和数字化创业者一起开放原型产品的时代已经到来，消费者判断企业的依据不再是产品或服务的所在行业或竞争对手的品牌，而是以自己对所有品牌的体验为依据，敏捷性、个性化和以用户为中心成为产品成功的关键。当然，数据是产品整个生命周期中的关键，实时收集数据，跟踪客户反馈数据以及使用数据，就能进行产品的优化和改进。

第一节 产品生命周期管理

定期评估整个产品生命周期的表现，找到不足之处并进行调整，提高产品的质量和市场竞争力，是数字化企业管理团队的基础工作。企业要对市场实际需求进行深度调查和分析，了解受消费者欢迎的产品特点、功能以及竞争对手的情况，进行竞争性迭代。

产品生命周期管理（product lifecycle management，PLM）把人（用户、生产者）、过程（生产、使用）和信息（生产、使用）有效地集成在一起，覆盖整个企业、所有产品，涉及从概念提出到产品淘汰的全部生命历程。

PLM 与 ERP、软件配置管理（software configuration management，SCM）、CRM 一样，也是一种企业信息化管理思想和商业战略，在激烈的市场竞争中，有助于人们思考和运用最有效的方式为企业增加收入和降低成本。

研发成本虽然只占企业总成本的 5%，却决定了产品总成本的 70%。产品研发过程中出现的任何一个错误，以及产品生命周期的后端修正，都会导致指数级别的成本增加。因此，企业必须确保产品的设计、制造、工艺和产品数据等都紧紧围绕产品研发进行。

PLM 从产品全生命周期角度出发，通常由以下四部分构成。

（1）产品数据管理（product data management，PDM）。指保存产品定义所有信息的数据仓库，管理各类与研发和生产相关的物料清单（bill of materials，BOM）。

（2）协同产品设计（collaborative product design，CPD）。工程师和设计者使用 CAD、CAE、CAM 软件以及所有与这些软件配合使用的补充性软件，以协同的方式研发产品。

（3）产品组合管理（product portfolio management，PPM）。为管理产品组合（新产品或现有产品）提供决策支持，包括用于日常工作任务协调的项目管理、用于一次处理多个项目的纲要管理、用于理解产品如何共存于市场的组合管理。

（4）用户需求管理（customer demand management，CDM）。这是一种软件，可以获取销售数据和市场反馈意见，并将所获数据和意见集成到产品设计和研发过程中。

企业运用 PLM 实现智能产品的研发与生产，研发人员是主设计者，用户也可以参与设计过程。因此，PLM 在智能生产、个性化定制和个性化服务等方面发挥着重要作用，是数字时代的重要基础。

接下来将从四个方面深入阐述 PLM 对数字化企业的价值。

（1）PLM 实现个性化定制和个性化服务。个性化是未来企业运作的重要方向，企业必须保证定制的产品零件与其他配件相匹配。为了丰富企业的制造能力和制造范围，企业不能要求用户减少个性化要求，而应该希望用户要求越个性化越好。

（2）PLM 实现智能生产。智能产品的研发与设计的基础是 PLM 所保存的完好的产品参数，个性化软件设计也以 PLM 为基础。

（3）PLM 能使制造企业在原有与创新的两端创造价值。PLM 的运用提高了企业"知识产品"的生产率，企业不仅要尽可能地运用已有知识、部件和方法解决新的用户需求，也要满足创新过程中的开发、生产和服务等的协同要求。

（4）PLM 实现了企业对大数据的有效利用。PLM 管理的不仅是数据，更是一种知识资产。因此，PLM 既是数据管理平台，也是知识应用平台，管理的数据越多，平台的价值也就越大。

数字化创业者秉持"营销"概念，而不是"推销者"概念，这意味着真正的销售是从售后开始的，售后的正反馈才是产品迭代的开始，也是产品开发的"风向标"，一旦完成并通过了内部测试，就要将产品上线，推向市场，提供相应的服务和售前售后支持，并实时复盘，以促进流程的进一步优化。

第二节 计算机辅助设计和计算机辅助工程

计算机辅助设计和虚拟仿真不仅可以帮助企业有效地控制成本，缩短产品设计周期，提高产品质量和安全性，也能为企业提供更多商业机会，因此被广泛应用于产品开发领域。对于数字化创业来说，低成本创业意味着低风险创业，采用传统的实验室测试需要大量的时间和资源，而使用虚拟仿真技术就能在更短的时间内进行更多样化的测试，可降低成本。这样，就为智能制造和工业互联网赋能数字化企业提供了机会。

如今，产品设计的数字化工作已经成为具有一定规模的制造企业的常规选项。使用一定的辅助工具，就能提升产品设计的效率和质量，如计算机辅助设计（computer aided design，CAD）、计算机辅助工程（computer aided engineering，CAE）、计算机辅助制造（computer aided manufacturing，CAM）、计算机辅助工艺过程设计（computer aided process planning，CAPP）。本节重点介绍前两种辅助工具，以便读者更清晰地理解数字化产品的开发过程。

一、CAD

CAD 是一种利用计算机及其图形设备帮助设计人员进行设计工作的技术。常用的 CAD 软件是三维制图。相较于二维制图来说，三维制图能够更直观、准确地反映实体特征，充分表达设计师的意图。

CAD 软件主要有以下三类。

（1）交互式图形显示软件。该类软件主要用于图形显示的开窗、剪辑和观看，图形的变换或修改，以及相应的人机交互。设计人员可以边构思、边打样、边修改，随时都能从图形终端屏幕上看到每一步的操作结果。

（2）应用软件。该类软件主要提供集合造型、特征计算、绘图等功能，主要涉及算法、数据结构、用户界面和数据管理四要素。

（3）数据管理软件。该类软件主要用于存储、检索和处理大量包括文字和图形信息的数据。使用该类软件有三个前提条件：建立工程数据库系统，保证数据类型更多样，库中数值和数据结构可以实时发生变动。

在企业内部，要想并行多种 CAD 系统，需要配置统一的、具有跨平台功能的零部件数据资源库，将标准件库和外购件库内的模型数据以中间格式（IGS、STEG 等）导入三维构型系统。

二、CAE

CAE 是一种近似数字分析的方法，以有限元法、有限差分法、有限体积法、无网格法为数学基础，用计算机辅助求解分析复杂工程和产品结构强度、刚度、屈曲稳定性、动力响应、热传导、三维多体接触、弹塑性等力学性能，优化结构性能等。

CAE 既可以对现有工程和产品进行性能与安全可靠性分析，又可以对未来的工作状态和运行行为进行模拟，及早发现设计缺陷，并证实未来工程、产品功能和性能的可用性和可靠性。其关键技术有如下五项。

（1）计算机图形技术。在 CAE 系统的运行过程中，用户与计算机之间主要通过图形（尤其是工程图）实现信息交流。

（2）三维实体造型。在计算机内建立三维形体的几何模型，记录所建形体的点、线和面的几何形状及尺寸，以及各点、线、面之间的连接关系。

（3）数据交换技术。CAE 系统中的各子系统、各功能模块都应有统一的数据表示格式，使不同的子系统之间、功能模块之间的数据顺利进行交换，需要遵守数据交换规范。

（4）工程数据管理技术。CAE 系统中生成的几何与拓扑数据，工程机械，工具的性能、数量、状态，原材料的性能、数量、存放地点和价格，工艺和施工规范等，都要通过计算机存储、读取、处理和传送，需要建立能有效组织和管理这些数据的数据库管理系统。

（5）管理信息系统。决策的依据和出发点取决于信息的质量，因此必须建立一个由人和计算机共同组成的管理信息系统，实现信息的收集、传输、加工、保存、维护和使用。

此外，还包括利用计算机进行生产设备管理控制和操作的 CAM。其核心是计算机数字控制，输入的信息是零件的工艺线路和工序内容，输出的信息是刀具加工时的运动轨迹和数控程序；此外，还要借助计算机软硬件技术和支撑环境，利用计算机的数值计算、逻辑判断和推理等功能，制定零件机械加工工艺的CAPP，帮助企业解决手工工艺设计效率低、准确性低、一致性差、质量不稳定、不易优化等问题。

计算机辅助设计和虚拟仿真工具的一体化，借助计算机的辅助设计，工程师就能快速分析被测件的性能，并确定其是否符合预期的标准和需求，加快产品设计流程并提高开发效率；还可以根据物理世界中的各种条件在前期进行模拟分析，优化整个产品系列，以更好地把控细节和提高产品质量。而利用虚拟仿真就能对这些问题进行系统化探讨或排查定位，进一步加强产品的稳定度和可靠性，使数字化创业团队的能力与大企业的开发团队看齐，创造"用设计进行超越"的新机会。

第三节　生产过程自动化技术与三维打印技术

数字化创业者不仅需要一种导入型的自动化制造技术，在进入个性化市场的时候，还需要更敏捷的制造工艺，譬如某模块产品只有100件需求，若采用传统工艺需要付出极多的成本，如果是小企业，甚至还可能破产。

目前，很多人依然对三维打印技术有一定的错误认知，比如认为三维打印只能用于制造简单的零件和原型。实际上，三维打印技术的发展已经越来越成熟，可用于制造各种复杂和精细的产品，这就为数字化创业者进入个性化制造和定制化制造提供了机会。

运用生产过程自动化技术，就能利用计算机控制技术，通过数据的采集和程序运算控制执行器，达到控制生产工艺过程的目的。三维打印技术主要以数字模型文件为基础，运用粉末状金属、塑料或其他可黏合材料，通过逐层打印的方式构造物体。前者是过程控制技术，后者是快速成型技术，虽然被放在同一标题下，概念却完全不同。

一、生产过程自动化技术

生产过程自动化技术涉及计算机控制技术、自动化仪表应用技术、可编程逻辑控制器应用技术、工厂电气控制技术、电工技术、电子电路技术、单片机技术、化工单元操作技术、机械制图、集散控制系统、小型自动控制系统、自动控制装置检修与维护、自动化程序控制设计等技术系统。

具体的操作场景是：操作人员在工厂机器的各个区域安装大量传感器，自动化系统收集机器的温度、压力、流速等数据，利用计算机对这些数据信息进行存储和分析，再用简单明了的形式把处理后的数据显示到控制室的大屏幕上，操作人员只要实时查看大屏幕，就可以对工厂的每台设备进行监控。该系统可以自动调节各种设备，优化生产过程，必要时操作人员也可以手动中止自动化系统。

该系统主要具有如下优势。

（1）降低耗能。系统中的软件和控制装置能够对设备进行调节，使其在最佳状态下运行，这样就能最大程度地降低能耗，确保产品质量。

（2）减少检查次数。该系统能预测何时需要对生产设备进行维护或更换，降低常规检查设备的频率。

二、三维打印技术

三维打印技术也称"3D打印"，简单理解就是，将过去的平面打印升级为立体打印。

三维打印机与普通打印机的工作原理基本相同，只不过打印材料不是墨水和纸张，而是根据实际所需打印的物品选择相应的材料，常用的材料有尼龙玻纤、耐用性尼龙、石膏、铝、钛合金、不锈钢、镀金、镀银、橡胶、塑料等。

三维打印机与计算机连接在一起后，通过计算机控制，就能将打印材料一层层叠加起来，最终把计算机上的蓝图变成一个三维实物。该实物是具象的、立体的，既可实际触碰，也可具体应用。

三维打印最先被应用在模具制造、工业设计等领域。利用三维打印技术制作铸件模具，工厂就能改变传统繁重的翻砂制作模具的工艺流程。后来，三维打印被逐渐用于一些产品的直接制造，如珠宝、鞋类、工业设计、建筑、汽车、航空航天、牙科、医疗、教育、地理信息系统、土木工程等领域，目前该技术依然在不断地拓展新领域。

个性化定制是三维打印技术的强项之一，但其价值远不止于此。三维打印技术还被用于小批量产品和替代部件的生产，甚至还能进行物理属性调整。同时，与其他传统技术相比，三维打印技术基于所用材料的特殊规格和要求，需要配合其他生产方式使用。如何将三维打印技术与其他技术完美地进行协调和集成，也是数字化创业者未来需要突破的地方。

第四节　制造数据的分类采集与状态管理

"大数据是信息时代的石油。"这是一种形象的比喻，指的是大数据对日常生活和经济发展的重要性及其价值潜力，与石油在人类社会中的作用类似。同时这也在告诉我们，数据已逐渐成为支撑现代化经济运行与科技演进的重要基础。

数据是一种财富的概念，理应成为数字化创业者的财富观和技术观。在数字时代，一旦忽视了数据的采集，数字化企业的数字化经营将成为无源之水。调查数据显示，企业的大多数的数据来自自身的生产经营，只有少部分来自互联网，只要对自产数据进行有效的分析和整合，就可以为数字化企业的智能制造提供有力支持。

一、制造数据的分类采集

行业和应用场景不同，制造数据的分类自然也不尽相同。例如，在流程制造行业，制造数据分为工艺数据、运营过程数据和实际数据；在离散制造行业，制造数据主要包括设备数据、生产过程数据、质量数据（见表 7-1）。

表 7-1　流程制造行业和离散制造行业的制造数据

行　业	数据类型	具体解释
流程制造行业	工艺数据	影响生产效率、产品质量的数据，如温度、压力、电流、电压等
	运营过程数据	生产过程中使用或产生的数据，如物料、计划、速率等
	实际数据	投入产出数量、合格率等
离散制造行业	设备数据	设备运行状态信息、实时工艺参数信息、故障信息、维修信息等
	生产过程数据	产品加工时间、加工数量、加工人员、加工参数、产品完工率等
	质量数据	产品质量信息、工艺质量信息等

制造数据的采集方式主要包括以下三种。

（1）设备自动采集。所谓设备自动采集，就是厂家提供设备，在流程制造行业中用 SCADA（supervisory control and data acquisition，数据采集与监视控制）系统实现设备数据的自动采集，在离散制造行业中用 MDC（manufacturing data collection，制造数据采集）系统自动采集，方法主要包括三种：带网卡的数控机床、PCI 采集、硬件采集等。

（2）人工终端反馈采集。对于不能实现自动采集的生产工序，可通过现场工位机、移动终端、条码扫描枪等数字化设备进行数据采集，相关数据主要包括生产开工时间、完工时间、生产数量、检验项目、检验结果、产品缺陷、设备故障等。

（3）其他外围终端采集。除了以上两种采集方式，还可以采用 RFID、与其他设备集成等方式实现制造数据采集。

① RFID。这是一种非接触式的自动识别技术，通过射频信号可自动识别目标对象并获取相关数据。该识别工作无须人工干预，可用于各种恶劣环境。

② 与其他设备集成。如三坐标测量机等检测设备，通过与设备进行集成，就能读取产品检测信息，用于质量管理与追溯。

二、制造数据的状态管理

采集到制造数据后，就要对相关数据进行分析与整合，并指导生产，对生产进行改进与优化。制造数据的状态管理通常包括以下三个方面。

（1）设备状态数据的分析与整合。对采集到的各种数据先进行归纳，再进行分析，然后有针对性地整合，最后进行输出与展示，使相关人员在第一时间了解设备生产的实时情况，做出及时、科学的管理决策。

（2）生产工艺数据的改进与优化。数据分析和整合的最终目的是对生产工艺进行改进与优化，主要表现为：将采集到的设备工艺参数，如温度、压力等，与设定的标准参数进行实时比对与管控，对生产过程实现实时、动态、严格的工艺控制，确保产品生产的一致性和产品质量的稳定性。

（3）生产过程追溯。参考产品制造过程中的数据对产品制造历史进行追溯，达到问题复盘、复现和质量追溯等目的。

从数据里提炼智能，是数字化创业者的时代性战略机会。创业者只要将大数据跟基础设施、技术以及各方融合到一起，就能实现协同创新，推进社会的智慧化和智能化运转。从本质上说，新创业者其实是在创造新的基础设施，大数据为企业提供了更好的工具，可以帮助其控制成本、改善客户体验并找到新的商业模式。即使是规模巨大的制造业企业，要想有效运营，也需要跟新创业者提炼出来的"智能体"进行协作。

第五节　无代码工具绕开"看门人"

如今，基于机器语言大模型快速生成需要的代码已经成为编程人员的一般工作形式，数字化创业企业对于编程写作的需求逐渐降低，架构能力却渐渐提升，创业型企业之间面临着新一轮的机构竞争。这种竞争不仅体现在推出产品的能力，也体现在推出架构的能力。

数字时代，数字化创业者只有打破少数平台的架构和代码垄断，实现一定程度的信息平权，努力构建自己的垂直生态，增强用户黏性，企业才能发展起来。

在互联网得到广泛应用之前，信息的组织方式与工业时代晚期及信息时代早期的多数事物一样，即信息由少数有资格的（受信任的）行业领导者组织并分发以供大众消费。这些行业领导者是信息流的"看门人"，掌握着"优质"与"可信"的信息。互联网和智能手机得到广泛应用后，这种"资格主义"的信息流模式也随着软件工具的新趋势而改变，借用这些工具，即使是没有编程经验的人，也能绕过"看门人"创建和传播自己的信息与资产，自行开发技术产品。这种趋势就是无代码。

在有代码到无代码之间，还存在一个低代码。2021年，阿里云实施"云钉一体"战略，钉钉提出了"低代码革命"……这些大厂的高调动作给市场提供了很大的想象空间，大量玩家跑步入场、频获融资。

其实，低代码技术早在2000年就出现了，但直到2014年左右才开始在国内外兴起。低代码是一种轻量开发模式，仅需少量代码开发，拖曳已形成模块的图形代码，就能快速完成系统搭建，适合不同经验水平的开发人员。无代码在低代码的业态上走得更彻底，完全投向超轻级、图形化的搭建方式，消灭了复杂的文本和操作，适用人群扩大到企业的业务管理人员。

一、无代码赛道

最近几年，企业领域最火的赛道就是无代码。无代码之所以会被热烈追捧，是因为企业的数字化需求实在太多、太杂，应用开发产量的缺口巨大。具体反映到数据上，就是企业的应用开发需求约是 IT 交付的 5 倍，要满足中国企业数字化的所有业务场景需求，至少需要开发 5 亿个新 App，按传统开发速度计算，至少需要 4 年。

传统开发路径的周期多为数月甚至更久，成本极高，几百万元、几千万元是常态，若涉及个性化定制，还需要一系列测试和程序错误修复，会损耗大量的沟通成本和时间成本。更紧迫的问题是，数字化时代，做 IT 设计开发的和做业务的创业者或企业所使用的都是各自领域的工具和语言，在系统应用上"聊"不到一块儿，角色分工是割裂的。

为了满足这种急迫且庞大的需求，一批本土无代码厂商（或低代码厂商）迅速崛起，发展到今天，有些企业已经算老资格了。例如，2015 年创立的轻流公司定位无代码开发平台，仅用 7 年时间就获得了 6 轮融资，背后站着腾讯、启明创投、源码等明星投资机构，近几年保持着 3 ～ 4 倍的收入增速。

二、双痛点

轻流创始人兼 CEO 薄智元说："企业用户不太关注技术本身，

看重的是能解决什么问题。"

面对企业招不到数字化开发人才和业务部门不具备代码开发能力的双痛点，轻流的切入点是：面向更广泛的有系统开发需求的人员，授之以渔，让不懂代码甚至连 Excel 都用不好的人快速上手开发内部工具。

无代码是一组预制的、可通过拖曳实现的功能，选择这些功能，即使是没有编码专业知识的用户，也能定制自己的数字产品。只要经历"积木式"的三步操作即可：拖曳添加字段→点击设置业务流→勾选分配权限，最终完成应用发布。

目前，在轻流产品的使用者中有 70% 是业务人员。内部数据显示，使用轻流无代码开发平台，开发周期能从 6 个月降至 1 周，可以节省 96% 的时间成本和 70% 的 IT 成本。

某工程机械制造领域的世界 500 强企业，如果上线几个系统，过去需要花费十几年的时间，而使用轻流无代码方式后，只用半年时间，就能上线上百个小型系统，且基本都由企业内部的业务人员根据具体需要操作搭建而成。

不过，无代码平台面对的是所有行业，其开发的产品不仅要具备泛行业工具的通用性，还要解决具体问题，保证具备行业垂直性。因此，无代码平台从创立伊始就要将行业需求的覆盖面铺得足够大，使面向的企业用户足够多。只针对某个用户做单个项目，很难进行共性需求的抽象处理。

三、减码

随着数字化的不断拓展和深入，越来越多的企业面临应用开发的挑战，预计到 2024 年，全球约 65% 的应用程序将涉足无代码开发领域。目前，部分用户"减码"的需求已经变得越发激进，大多集中在医疗、能源、金融等相对高精尖的领域，甚至有很多大型企业也开始选用无代码产品。

近几年，随着越来越多新玩家的进入，市场上出现了一种"伪低代码"，即表面上看起来依然是低代码，可采用的依然是项目交付制。各玩家良莠不齐，一些企业甚至遇到了生存问题，但资本依然看好无代码的整体前景。成立于 2019 年的黑帕云在 2022 年 5 月 31 日正式关停，被字节跳动收购，这是第一家宣告退出市场的无代码厂商。

无代码是轻模式下的重设计，无代码厂商不能留恋概念，要想持续保持自身的造血能力，需要回归价值本身，保持持续为企业"减负"的能力。

借助无代码工具和基于大模型的自动代码生成技术，一种可以用人类语言进行编程的软件已经面世，人工智能企业的时代正在来临。这种架构性的变革会对社会和企业造成深远影响，每个人都可以使用大模型智能解决问题，每个人都可以当程序员。因此，在未来，数字化创业者还有一个别称——智能化创业者。

第八章　数字化创业的运营理念

数字化企业运营需要遵循以下几个基本原则：一切以客户为导向，否则会失去准星；坚持数据驱动和智能化，否则就无法积累智能资产；要有足够的灵活性，跑在竞争对手前面；不能像上一代创业者那样做存量竞争，要更加笃定于创新；不能闭门造车，每天都要思考如何开放合作。

第一节　数据驱动运营的内涵与价值

数据驱动运营，是指从数据的角度分析和解决业务运营工作中存在的问题，以数据为基础实现精细化决策，通过业务问题指标化、业务问题数量化、指标定量化、分析模型化等动作推动业务运行。这里，数据运用是方法和手段，实现精细化运营是目标。按照数据精细化程度，企业决策过程可分为四个阶段（见图 8-1）。

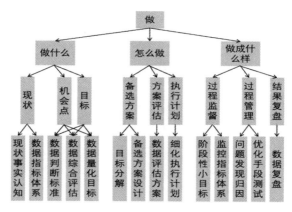

图 8-1　企业决策过程进化图

一、原始决策流程

　　企业做决策不一定需要数据，最原始的决策其实只是一个肯定或否定的动作——做或不做。如果要做，就会涉及这样几个问题：做什么？怎么做？做成什么样的？具体答案虽然都是未知的，但依然要做决策。如果不做，则存在这样几个问题：后果是什么？会不会后悔？永远不做，还是暂时不做？这种决策方式非常原始，不仅不适合企业经营，也不适合个人事业的选择，因为任何决策都不能简单地做出。

二、科学决策雏形

　　借钱，通常会经历经典的三思：借多少？跟谁借？怎么借？在经营中企业遇到不明确或难以决择的事情，也会遇到经典的三思：做什么？怎么做？做成什么样的？这种三段式的提问代表着决策过程的初步科学化，但仍然很粗糙，往往是领导者搞"一言堂"，不会进行深入分析与论证。这种决策方式在一些传统企业中很常见，无法保证决策的正确性。

三、PDCA 循环

　　随着"精益管理"理念的深入，很多企业意识到决策需要进一步精细化，于是引入了数据度量和数据分析，借助数据的支持，将企业带入精细化管理和数据化管理的双轨道。

很多企业的精细化管理和数据化决策体现在 PDCA（plan、do、check、act，计划、执行、检查、处理）理论的落实上。PDCA 理论在决策前、决策中和决策后的分工有明显不同。

（1）决策前。量化评估经营状况，如收入、支出、利润；根据市场、竞争对手、消费者数据评估机会点与威胁；根据过往业绩走势制订更合理的目标。

（2）决策中。量化评估备选方案所需的时间、人力、物力投入；根据过往的市场表现量化评估方案的可行性，评估预计完成率。

（3）决策后。量化监督执行过程，发现执行问题；分析执行手段，评估优化、调整措施；复盘执行效果，检查目标实际完成情况，总结经验。

领先企业的决策一般都发生在这个阶段，但只涉及数据驱动决策的初级阶段，数据对决策的重要性并未真正体现出来。

四、数据驱动运营

若想实现更精细的数据驱动运营，离不开数字技术的支撑。例如，有了 OMS/CRM(order management system/customer relationship management，订单管理/用户关系管理）系统，就可即时采集交易及用户数据；有了 App/ 小程序＋埋点，就能充分采集用户行为数据；掌握了丰富的数据，就能完善用户画像，生成预测模型……

借助数据技术的加持，在管理过程中，指标会更丰富，监控会更及时，并将从事后向事中转移。

五、数据价值开发

上述企业的决策过程进化既是管理和运营逐步精细化的过程，也是数字价值逐步开发的过程。从数据加工的深度或应用层次来看，数据价值的实现由浅入深可分为以下四个层级。

（1）数据初步分析。在该阶段，企业会注意数据的收集、整理与分析，对数据要求比较高的部门会尝试使用各种模型和方法分析数据，并用各种较成熟的商用工具对数据进行加工。企业会开展常态化的数据分析，用数据诊断问题、发现问题，并通过数据可视化技术展现数据分析结果。但因为目前数据分析大多仍停留在事后，所以无法运用数据解决问题。

（2）数据支持决策。在该层级，一方面，数据分析的范围更大，需要企业内部进行跨部门的数据整合，为进行重大经营决策和管理决策提供比较完整、准确、一致的数据支持；另一方面，数据分析的技术更加专业，企业需要提高数据分析的能力，利用复杂的算法对数据进行深度加工和处理。通过对数据的分析和挖掘，企业就能对业务有更清晰、完整的认识。此阶段的数据分析不仅可以应用于事后总结，还可以对事中进行监控与实时预警，因此数据价值能得到较充分的体现。

（3）数据驱动运营。在该层级，数据已经真正成为一种生产要素融入企业的实际业务中，要想驱动运营，离不开数据分析应用过程的自动化实现，而运用数字技术，就能实现业务状态的自动感知、自我优化和自行反馈。数据分析结果不需要过多地进行人为干预，可以直接作用于业务运行，只要根据分析结果触发不同的流程，数据就能自动驱动运营。

（4）数据变现。数据成为企业的核心资产，既能支持内部的运营和决策，也能通过市场化对外进行销售，实现数据的直接变现。如今，越来越多的企业正试图通过全新的商业模式将自己可控的数据以合法的形式变现，成为企业核心级业务增长点。

总之，数据驱动运营既是运营走向精细化的必然要求，也是数字技术发展到一定阶段后出现的运营模式，这是需求端和供给端共同作用下的产物，也是数字时代发展的精华。数字化创业只要鼓励创新和实验，推崇"先一步失败，早一步成功"的理念，不断尝试和改进，就能探索出新的商业模式、产品和服务。

第二节　从流量思维到用户思维的升级

数字化创业以客户需求为中心，通过深入了解客户、个性化服务和精准营销等方式提高客户满意度和忠诚度。走出自我是每一位创业者的追求。

亚马逊创始人杰夫·贝索斯说："我经常被问到一个问题：未来十年会有什么样的变化？但我很少被问到：未来十年什么是不变的？我认为第二个问题比第一个问题更重要，因为你需要将你的战略建立在不变的事物上。"

网络的出现确实改变了太多东西，数字时代的到来会让这种改变更加激烈。企业虽然要努力变革求发展，但如同风暴中心总是很平静一样，大变之势的核心其实并没有变。就像"顾客就是上帝"从出现的那一天起就是商界真理，未来仍然会如此。那么，在快速变革的大背景下，什么不会随着技术变化而变化呢？杰夫·贝索斯给出的答案是"以用户为中心"。

注意，是"用户"，而非"客户"。客户是花钱购买产品的人，用户却是长期使用产品的人。二者虽然都会跟企业的产品打交道，在个人消费行为上是同一个人，但在企业服务对象上却不是同一个人。例如，对于 ERP 来说，客户是企业的决策者，但并没有使用系统，客户并不会感受系统的好坏；而用户是系统的使用者，可以直接感受系统的好坏。"以客户为中心"的销售策略是费尽心思地讨好客户，目的是让客户买单。"以用户为中心"的销售策略是让用户在实际使用产品过程中获得良好体验，目的是让用户长期使用产品。

由此可知，当企业持客户思维时，目的是达成交易，关注的焦点是渠道和营销，因为无法直接触达作为产品最终使用者的用户，其营销策略一般是"三板斧"——做产品、砸广告、占渠道，最终促成流量营销。当企业持用户思维时，目的是持续交易。用户和企业形成的是一种自由平等的关系，只有对用户持续进行运营，才能带来业务的稳定增长，其营销策略是围绕用户展开的：先吸引用户，再激活用户，最终促成用户的留存与忠诚。

总之，传统的商业逻辑以交易为中心，交易达成就意味着和客户的关系结束了，若想再进行下一次交易，需要重新建立交易关系，这是一种"捕鱼式"运营逻辑。而在数字化时代，企业往往以用户为中心，重视用户流量，用户与企业之间是一种强关系，一次交易的完成仅是后续交易的开始，运营逻辑从"捕鱼"变成了"养鱼"。

数字时代，用户运营的主要工作包括获客、留存、忠诚三个环节，每个环节都可能因用户流失而无法进入下一个环节（见图 8-2）。

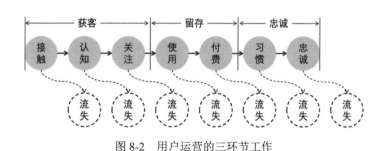

图 8-2　用户运营的三环节工作

（1）获客——通过全渠道连接用户。为产品不断带来新的用户，一般分为接触、认知、关注子环节。

（2）留存——扩大用户蓄水池。采取适合的策略建立和发展用户关系，让更多的用户留下来，减少用户的流失率，并不断激活用户，扩大用户消费。

（3）忠诚——让用户持续创造价值。通过用户忠诚计划提高用户的忠诚度，使用户愿意与企业长期合作，促成长期交易。

总体来说，数字化创业者需要实现用户价值的最大化，不断加强用户体验和价值，提高用户的留存率和忠诚度。具体方法如下：提供个性化服务，抓住典型用户需求，不断改进产品和服务；将建立信任和口碑贯穿于整个运营流程，提供优惠和奖励，让典型用户乐于在社交圈分享自己的体验；媒介是碎片化的，沟通渠道要多样化，要实现多渠道互动。总之，只有将用户当成自己人，企业运营才会进入良性循环。

第三节　用户旅程设计

用户旅程设计是建立在获客、留存和忠诚这三个环节的基础上的，运用最新的数字技术进行创新，就能为用户提供体贴、细致、周到的触点和体验，而这也是用户运营的核心。

用户旅程是一整套设计思维和方法，其以用户为中心，以用户视角看世界，是用户首次与企业接触直至下单并享受产品或服务的互动旅程。

用户旅程设计的特点如下。

（1）以用户体验优化为出发点，而不是以企业内部的操作流程为依据设计旅程。

（2）用户与企业交互的完整历程是将所有触点连接起来的端到端的旅程。

（3）关注整个旅程的体验，涉及线上与线下、公域与私域的多种触点的整合式旅程。

因此，用户旅程可以逐一评价企业在每个触点上用户体验的痛点和威胁点，以及需要改进的机会点和关键点，利用最新的数字技术，实现高效获客、积极留存和持久忠诚等目的。

用户旅程是一幅完整的跨渠道的体验视图，主要包括人物、脚本、目标与期望、相关描述、痛点、机会等内容（见图 8-3）。用户旅程设计主要包括以下三部分内容。

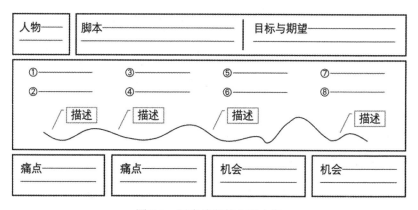

图 8-3　用户旅程的主要内容

一、对用户进行分类

不同的用户，其消费习惯存在差异，所以在绘制用户旅程图之前，要对潜在用户进行分析，判断他们的消费习惯、路径偏好和消费痛点，才能形成较为生动的用户画像。

要想真正了解用户，不能一味地生搬硬套，而要进行大量的用户调查研究，理解用户的消费行为和消费目标，深度定义用户的消费愿景，最终从愿景出发，为用户提供产品或服务，同时为绘制用户旅程图提供坚实依据。

二、设计用户旅程

用户旅程设计要经历一个重新思考用户消费习惯的过程，必须以用户需求为起点。因此，要摒弃先前的对用户的理解，进行"零干扰"设计。通常，需要由外部人员或对本流程不熟悉的一线员工主导，基于用户实际体验重新设计体验旅程。

在不同的技术环境下，用户旅程的设计思路也是不同的。例如，一家具有线上、线下渠道的企业，其用户旅程设计思路要从线上与线下、公域与私域多个角度着手（见图 8-4）。

在图 8-4 中，用户旅程设计思路主要涵盖以下四项要点。

（1）公域触点引流，建立触点矩阵，并进行科学布局，有针对性地进行营销和引流。

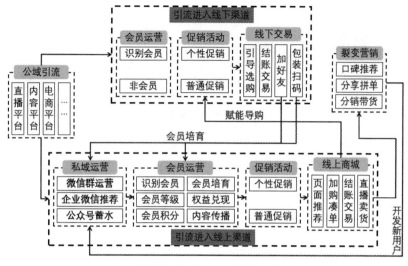

图 8-4　用户运营总体流程

（2）将公域流量引向线下，通过线下门店和营销人员进行运营和促销。

（3）将公域流量引向线上，通过社群、微信公众号等进行线上持续运营和线上销售。

（4）线下、线上互动，通过线下扫码、加群等方式将用户拉到线上，再通过线上销售到线下取货。

三、优化内部运营流程

为了让用户尽可能容易、方便地使用流程，并获得良好的支持，企业就要以用户旅程为切入点，详细设计内部流程的优化思路……一句话，就是要通过用户运营倒逼内部运营优化。因为只有真正将用户需求作为流程梳理的出发点，才能落实"以用户为中心"的理念，引导员工建立对用户体验的整体认识。

最后，还要对现状进行分析，看看旅程图中现状与未来存在的差距。企业要在全面诊断的基础上寻找主要问题和差距，对用户体验存在的问题进行分析整理，并确定责任人，定期跟踪改善计划的执行情况，最终形成完整的流程，驱动用户体验管理工作的高效展开。

第四节　集约化运营实现降本增效

以更少的人工完成更大规模的业务协同，是数字化创业者的基本工作思路。为了提高效率和竞争力，就要尽可能采用科技手段和数据分析方法进行辅助决策，改善运营中大量依赖传统因素的情况，使运营更加科技化和信息化。

运营管理最主要的目标是降本增效，实现这一目标的最佳举措是通过共享实现集约化运营，将人事、财务和共性较强的核心业务进行整合，降低成本，增加效益。因此，集约化运营是以技术进步为前提，以新技术措施和科学管理为基础，以提高生产资料的使用效率和提升劳动生产率来实现扩大再生产的数字时代企业运营新方式。

集约化运营并非数字时代的新生事物，其在大工业生产诞生之初就逐渐形成，如今正处于第三阶段。

一、职责分工

在工业时代之初，管理水平低下，劳资关系紧张，企业生产效率难以提升。"泰勒制"的出现改变了生产混乱的局面。企业严格挑选和训练员工，制定生产规程及劳动定额，实行差别工资制，建立职能工长制，按科学管理原则指挥生产，按照"倒补原则"将权力尽可能地向下层管理人员分散，用具体流程将各道工序串联起来，大大降低了各项工作的复杂程度，实现了工序级的集约化。

二、职能管理共享

"泰勒制"仅适用于单个工厂或企业。过去很多企业内部存在这样几个不足：共性职责众多，功能重复建设，系统间交互集成，内部协同成本高昂，组织资源在不同业务和场景间难以共享，流程复杂，成本增加，等等。随着网络技术的发展，人力资源、财务、采购、IT等共性职能类部门完全可以通过网络实现共建和共享，很多世界级企业先后打破组织边界，在全球范围内构建职能共享中心。例如，福特汽车公司在1980年就设立了财务共享中心；通用电气公司在杰克·韦尔奇时代建设了职能共享中心。

三、核心业务共享

在数字经济时代，集约化运营已不限于人、财、物等职能领域，对核心业务运营同样有效。

如今，借助数字技术的支持，金融类企业正在积极开展集约化运营的变革，转变传统运营模式，搭建后台处理中心，实现核心业务共享。下面以银行业运营集约化建设为例进行说明。银行采用工厂运作和有序运作的新理念，依托数字化手段，将部分前端业务集中到后台进行工厂化操作，使业务处理实现了从前台向后台的集约化转变。后台运营中心以效率、质量、安全为原则，对所辖属的营业机构的后台业务进行集约化、标准化、流程化处理。

后台运营中心一般包括授权中心、作业中心和监控中心三部分（见图 8-5）。

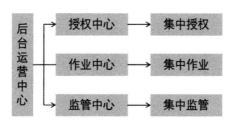

图 8-5　银行业务集中运营中心模式

（1）集中授权。银行利用信息科技手段，将柜面交易需授权的交易画面、业务凭证、用户证件和实物影像同步传输至专用授权终端，由专职授权主管进行审核并完成授权。

（2）集中作业。用户向前台发起业务请求，前台柜员审核业务凭证，登录业务办理系统，录入部分要素，扫描资料影像并传输至集中作业中心；后台经过一系列标准化处理后，交由主机进行账务处理；账务处理完成后，返回前台终端，柜台人员打印回单交给用户，至此业务流程结束。

（3）集中监管。业务的集中操作为集中监管提供了基础。银行要构建全国数据集中的监控运行模式，建立以各级监控中心为核心的监督管理组织体系，并通过系统控制、流程控制与管理控制形成立体化风控体系，实现风险控制由人工控制向自动监控的转变。在集中监控过程中，为了进一步降低人员操作的风险，需要实现角色分离、任务随机分配、数据自动检查和异常事务预警等功能。

通过银行的集约化建设可以看出，基于数字技术的集约化运营，企业完全可以逐步摆脱"前店后厂"的传统运营模式，逐渐发挥每个区域的资源禀赋优势，在更大的空间范围内调动资源，实现更大范围内的集约化运营。

数字化创业者和传统创业者一样，需要控制成本，这也是所有企业的命脉所在。数字化企业可以通过自动化和智能化技术，如机器学习、人工智能等，优化业务流程，提高劳动力效率和产出，实现成本的最优化。例如，将常规任务进行自动化处理，就能节约时间和人工成本，提高效率。同时，优化供应链管理，减少雇员，坚决推行数据驱动决策，防止决策失误，而减少决策损失就是最大的节约行为。

第五节　平台化运营为一线赋能

数字化创业者所带领的团队基本上都属于知识型组织。权力下放意味着责任下放，具备自我管理能力的人需要一种新的组织文化来支撑，而赋予一线员工更多的决策权，就能创造一种开放、平等、合作和创新的组织文化，让员工真正体验到参与感和归属感，推动企业达成战略目标。

本节的标题"平台化运营为一线赋能"应该拆分为三部分，即平台化组织、平台化运营、大平台为一线赋能。三者是顺承关系，即只有实现了平台化组织，才能实现平台化运营，进而通过大平台为一线赋能。

平台型组织是指利用发达的信息流、物流、资金流和技术流等手段，组建强大的中心／平台／后台机构，以契约关系为纽带，链接各附属机构的组织形态。与传统的组织结构相比，平台型组织具有以下三个特点。

第一，用户导向——前端牵引，快速响应。平台型组织会明确用户导向，以满足用户需求、增加用户价值为企业经营的出发点，简化内部程序，通过"平台＋前端"的方式打造贴近用户的敏捷型组织。

第二，资源数字化——资源聚合，线上运行。实体资源数字化后，可以变成在线资源，资源标签要能清晰地表明资源的功能、特长等属性，可被需求方随时调用，提高资源整合效率。

第三，员工创客化——员工经营，直接负责。员工变成经营者，即"创客"，调动企业大平台的资源为用户提供独特服务，直接对用户负责，同时对经营状况和经营后果负责。

平台型组织从根本上改变了企业的运营模式，将传统的单前台运营或前后台运营，变为"前台＋中台＋后台"运营或"平台＋自组织"运营。

一、"前台＋中台＋后台"运营

业务中台不仅是一个个的能力中心，更是一个个的能力组织，将前台和后台强力连接在了一起。采用这种运营模式的组织都可以称为"平台型组织"。

（1）前台是利润中心，一般由快速响应用户需求的业务部门或跨职能部门的项目小组组成，每个前端都是一个用户触点，即企业与用户的交点。前台通常由"听得见炮声的一线人员"指挥，如华为的"前线三角部队"分散而灵活，主要负责与用户交互，为了满足用户需求，主动向上寻找资源和支撑，实现产品交付。

（2）中台是成本中心，主要负责把前台"作战"需要的资源做成"中间件"，方便前台随需调用。建设企业级统一的强大中台可以为前台赋能，最大限度地减少重复工作。

（3）后台是费用中心，如财务系统、产品系统、用户管理系统、风险管控系统等。后台不直接产生效益，主要聚焦于战略规划、服务支持、制度输出、绩效管理、资本运作、市场引领等职能。

二、"平台＋自组织"运营

这种模式起源于网络时代的项目管理制企业，如咨询类、软件实施类企业，其在数字时代获得了更大的发展。在这种模式下，前台有很多小组或小微直接和用户打交道，后台有企业共性功能（如生产、财务等），为所有前台提供统一服务。

韩都衣舍内部的所有小微都可以直接跟用户进行交互，小微的主要工作是不断孵化出各种服装款式，并生产上市，使韩都衣舍成为快销行业中产品设计能力和生产能力最具有领先性的企业。

韩都衣舍内部提供各种公共职能平台，如摄影、物流、仓储等，聚集到公司后台，小微和平台之间的合作更多依赖于市场化方式，后台只为它们提供支持。

对于数字化创业管理者来说，一般都不会过度担心下放的权力，管理者给予一线员工更多的自主权，使他们能够负责并主导各自领域的相关决策，让其对公司的发展负更大的责任，并在此过程中获得成就感。赋予员工决策的权利和机会，可以提高员工参与企业的积极性和主动性，为企业带来更多的创新想法和方法，激活组织内部的创造力。让一线员工拥有更多决策权，他们的工作就能更有意义、更有挑战性，增加他们的归属感，让他们深度融入企业，增加企业的组织凝聚力。

因此，基于信任和自我管理联结在一起的团队往往更具创新力。

综上所述，平台化组织建设和平台化运营对现有企业是一场巨大颠覆，要实现这一目标，需要企业有坚定的数字化建设或转型决心，推动企业打造数字化平台型组织，实现组织和运营的彻底变革，为一线赋能。一线员工了解业务流程和操作细节，就能根据自身工作经验和实际接触情况提出更有针对性的对策和建议，这对生产效率的提高至关重要。同时，员工参与决策也可以减少或避免因信息不足或公司内部沟通不畅而造成的失误。

第九章　数字化创业的营销模式

在营销过程中，数字化创业企业要根据企业所处行业的特点、受众喜好和实际经营情况进行有针对性的分析和优化，及时调整运营策略;同时，还要具备长远眼光，从顾客需求和用户口碑出发，使营销策略成为企业可持续发展的有效手段。在执行层面，数字化企业营销模式的核心是精准，包括产品精准、时间精准和用户精准，也就是在最准确的时间，通过适配的渠道，将需要的产品精准地传递给用户。

第一节　数字化传播

如今只要一提到"营销"，人们就会想到传播。营销的目的其实就是传播，如果不想传播，也就没有必要搞营销了。但现在只要谈到"传播"，人们就会立刻想到"流量衰竭"和"流量饱和"，这也是过时的传播方式必然会遇到的困境。著名广告人约翰·沃纳梅克有一句经典名言："我知道我的广告费有一半被浪费了，但我不知道是哪一半。"

传统的传播方式是，一边花费巨额成本来获取流量，一边却不能控制传播效果。数字化营销以人为中心，以数据为驱动，基于人与人之间的行为互动与激励机制实现传播——实现了对传播效果的管控。例如，打车软件之所以能在当年迅速抓住用户的心，主要依赖于轰轰烈烈的补贴大战造成的"人传人"的效果。

分享是数字营销普遍采用的方式，通过分享，用户就能自觉行动起来，为产品传播助力。例如，滴滴打车在两周年庆推出了"打车红包分享"活动——只要用户通过微信分享，就可以抽取红包抵扣车费。用户想要获得优惠，就需和周围人分享，这样可为滴滴的进一步发展助力。

一、数字化营销拉近了品牌与用户的距离

传统的营销是一种由高位向低位的传播模式，用户与品牌之间难以建立近距离的互信交流，如同品牌居高临下的一种"施舍"。但品牌本身是自带信任系统的，这也是大品牌比杂牌更能获得用户信赖的原因，品牌如果不能很好地利用这种信任背书，用户自然就不敢主动靠过去。

数字化营销正好可以拉近品牌与用户的距离，实现品牌与用户的互信交流。例如，拼多多之所以能快速下沉市场并受到用户喜爱，主要就是因为其通过数字化营销方式解决了信任问题，让亲戚、朋友觉得好的商品得到迅速传播，在人与人之间架起了最接地气、最有说服力的传播渠道。其实，将数字化营销与亲友推荐画等号也不无道理，只不过数字化造成的传播范围要远大于亲友之间的口口相传。

直播电商如此火爆，KOL（key opinion leader，关键意见领袖）能成功的原因在于，主播将自己定位为消费者的朋友，他们跟消费者聊天，帮消费者检验产品，和消费者产生情感共鸣，让消费

者感觉到信任与亲近……这种传播直接绕开了消费者与品牌之间的天然隔阂，出于对主播的信任以及对产品的需要，消费者自然就会产生"购买行动"。

二、品牌即媒体

在数字化生态中，现有的"品牌"概念被重构，品牌将成为媒体的流量入口，甚至变成媒体本身。数字化的企业要想在未来的品牌竞争中占有一席之地，必须用媒体的逻辑思考。这也是品牌数字化的必经之路。

品牌的本质是构建信任，媒体则为品牌信任构建提供了可持续的渠道，品牌完全可以利用媒体输出内容，获取用户信任，抢占用户心智。随着传播渠道的日益个性化和多样化，品牌与媒体的合作关系演化成了一种利用关系，借助各类平台打造独特的品牌人设和影响力，品牌就能实现从向外借力到自身发力的转变。

品牌自我打造成功人设的关键是符合"吸引力法则"，即不是只想着自己要什么，并想当然地认为自己能得到什么，而是先考虑自己应该构建什么，用什么方式触动想得到的事物，构建自己与想要事物之间的关系，将想要的事物吸引过来。

完美日记彩妆品牌借助微信生态成功打造了"小完子"这一"私人美容顾问"的官方人设，用真实有趣的互动体验吸引了大量粉丝，并将这些粉丝沉淀在成千上万个微信群中，变成了完美日记的私域流量。

私域流量的核心是高信任和高触达，完美日记通过各种触达渠道对私域流量用户形成了高密度的内容输出。此外，完美日记还与小红书等平台的 KOL 合作，通过 KOL 的信用背书、测评和推广等方式"种草"引流，让品牌形成了庞大的用户群体和忠诚的粉丝群体，基本实现了"品牌即媒体"的转向。

三、社群思维

新时代用户需求逐渐超脱物质，更加注重情感与价值的追求。这也是一些新网红品牌的销售额能迅速超越几十年老品牌的原因。因为用户最关注的不再是物质代表的质量和价格，而是品牌和产品带给用户的情感寄托和价值共创。因此，当前的新品牌应该思考：我和用户有什么关系？我该如何吸引用户的注意力，并产生深度链接？我应该用什么方法吸引用户参与企业品牌传播和产品设计，一起打造用户喜欢和难以割舍的"我们的品牌"？用户参与品牌和产品的设计与制造，就会将品牌和产品"视为己出"，产生"护犊子"的情结。

有一款新生网红酸奶，从诞生之日起就坚定地走"用户参与共创"路线，迅速成为细分领域独树一帜的存在。该厂家没有做过多的营销宣传，只是把品牌二维码贴到线下店铺的墙上，进店的人只要将文章转发到朋友圈，就能获得一瓶酸奶。第一天早上即使转发量只有十几条，当天下午就会获得两千多的阅读量，第二天下午的阅读量则会超过十万。之后，该酸奶品牌会继续利用大众的好奇心理，将用户和品牌深度捆绑在一起，参与奶源、研发、生产、包装、上市和迭代等各环节，不仅邀请用户参与试吃，还与用户高频互动，实现了快速改进与迭代。

由此可见，让用户高密度参与品牌和产品的生产建设，用户就会对品牌和产品产生莫名的归属感，进而自发地进行宣传推广。数字化创业企业需要综合运用各种营销渠道，如网络、社交媒体、SEO（search engine optimization，搜索引擎优化）、SEM（search engine marketing，搜索引擎营销）等，打造一个全网覆盖的营销网络；同时，还要与客户保持良性互动，建立优质而稳定的关系，加大业务推广力度，增加客户的黏性。

第二节　用数字分析构建全维度用户画像

数字创业企业想要明确目标用户群体，首先需要了解和分析目标用户的需求和特点，对市场和竞争对手进行调研，找准相应的定位和目标市场，确定自身经营业务领域和服务内容。

用户画像是通过数据的收集、对比、分析等形成的对用户各项特征的描绘。用户在不同触点形成的行为数据都将成为数据收集的源头，通常包括目标、方式、组织、标准、验证五个方面，具体如下。

（1）目标。描述用户、认识用户、了解用户、理解用户，逐步递进。

（2）方式。包括建立在严格逻辑上的形式化手段和非形式化手段，如文字、语音、图像、视频等。

（3）组织。结构化和非结构化。

（4）标准。常识、共识和特定的知识体系。

（5）验证。依据事实和推理过程进行验证。

用户画像是一种基于知识体系和判断逻辑的工具，在数字化时代之前是符号和概念的关系，在数字化时代则是标签和模型的关系。标签是某一种用户特征的符号表示，每个标签都规定了观察、认识和描述用户的一个角度；模型则是将标签总结在一起的用户特征。

用户画像形成后需要验证，主要内容包括两个方面：一方面，检验标签体系是否准确，比如，建好的模型是否反映了现实、机器学习的准确率、搜索结果的准确率等；另一方面，检验标签体系是否完全，如现实逻辑是否已在模型中得到体现、机器学习的召回率高不高、搜索范围是否覆盖完全等。

一、用户画像关键点

构建用户画像的关键在于数据全面、数据连通、渠道打通、体系拉通和数据应用五个方面。

（1）数据是否全面？个人用户的标识信息包括显性痛点（通过直接询问、购买倾向、信息交流等方式）、隐性痛点（通过后台数据追踪、大数据汇集分析、关注点转移等方式）、潜藏痛点（通过巧妙引导、相关产品关联等方式）；企业用户的标识信息包括手机、固化、序列号、微信 ID、cookies（储存在用户本地终端上的数据）、MAC（media access control，媒体访问控制）地址、IMEI（international mobile equipment identity，国际移动设备识别码）、用户名、邮箱等。

（2）数据是否连通？企业应观察并审视用户信息获取的各类渠道，比如，网上浏览、交易数据、手机、邮箱，以及企业官网、线上渠道、用户经理、第三方线下渠道、社区论坛、微信、微博、客服等。收集数据时，企业必须遵守各种法律法规，保障网络信息安全和保证用户隐私信息。

（3）全渠道 ID 是否打通？一个用户同时会拥有多个 ID，如何判断某些 ID 属于同一个用户，是构建用户画像的关键环节。例如，某用户在五个不同网络平台和实体渠道共有五个不同的 ID，分别描述了不同的特征信息，为了确定某几个 ID 有可能代表同一个用户，就要分析不同 ID 之间是否具有某种潜在的强关联。这样做，也有助于提高用户画像的丰富性和准确性。

（4）标签体系是否拉通？随着人工智能的快速发展，传统的人工数据拉通方式被逐渐淘汰，将机器学习算法和人工辅助结合起来，企业就可以建立统一的数据模型，以适应海量数据的分析需求。

（5）数据应用能力是否完整？下面以售前精准营销场景为例

进行说明。企业通过数字化营销方式获得大量潜在用户，再对潜在用户进行评级、分析和培育，当有需求产生时就可以获得销售预警，进入智能化销售体系，包括与 CRM 等系统的对接和与内部 ERP 系统、OA（office automation，办公自动化）管理系统的整合，最终获得精准用户。

二、构建立体用户画像

传统用户画像之所以不能做到准确全面，就是因为数据仅来自业务系统，事件信息和关系信息等多类信息存在严重缺失。

数字化企业要想构建用户画像，就必须引入大数据信息，构建 360° 立体用户画像。立体用户画像主要包括以下九个方面。

（1）基本信息。主要包括用户全称、证件类、用户性质信息等。

（2）产品信息。主要包括产品类型、购买时间、使用情况、反馈信息、复购情况等。

（3）联系信息。主要包括地址（常驻 / 营业）、联系方式（电话 / 邮箱 / 微信 /QQ）、网址等。

（4）时间信息。主要包括重大事件（生日 / 开业）、违约事件（逾期、提前还款）、可疑事件等。

（5）关系信息。主要包括同事、同学、社交好友、现实好友、合作伙伴等。

（6）沟通信息。主要包括用户的建议、申请、反馈、投诉信息等，企业的回访、调查信息等。

（7）财务信息。主要包括用户利润贡献度。

（8）资产信息。主要包括与用户资产相关的、可了解和调查的所有信息。

（9）风险信息。主要包括用户的信用评级（是否被企业列入黑名单）。

第三节　全场景渠道赋能

谈到营销，就不能不谈渠道。随着数字化营销的出现，渠道也变得与过去不同。

互联网的发展让信息获取场景越来越碎片化，流量结构从以前的中心化变成了去中心化。通过数字化激励底层支持，结合各种场景下的新技术，将用户零散的、碎片化的生活与消费场景链接起来，就能构建一个以用户为中心的数据沉淀场景，形成线上线下一体化的全场景沉浸式链接。

本节阐述的全场景渠道赋能的本质就是围绕"用户"构建一套数据沉淀与激励系统，参与度不同的用户在系统中区别对待，就能找到全场景渠道赋能的核心用户群。

全场景赋能涵盖用户、产品、营销、渠道、传播、门店等所能想到的一切场景，且都是围绕用户需求展开并进行激励的。因此，用户是全场景渠道赋能过程中的核心连接器，通过渠道赋能对用户进行筛选分类。

一、围绕"用户激励"系统展开的"全场景渠道赋能"

全场景渠道赋能是出现在一个无处不在的数字化世界背景下的全新概念，一切皆为入口，一切皆有可能。

在 2020 年的"Inclusion·外滩大会"主论坛上，蚂蚁集团首席执行官胡晓明透露："蚂蚁森林出现的四年中，共有 5.5 亿人在支付宝上'种树'，累计碳排放减少 1200 万吨，种植树木超过 2.23 亿棵，均分布在沙漠养护带，造林面积超过 306 万亩，相当于两个半新加坡的国土面积。"

为什么这么多人热衷于这项活动呢？答案就是数字化激励。蚂蚁森林种树的能量是一种数字化积分，用户只要在线下消费、运动、低碳生活等，就能获得能量，最后就能用能量换取真实世界中的树木，为环保尽一份力。以趣味性的方式实现多重利好，不仅保证了用户的活跃度和黏性，还能收获良好的社会声誉。

数字化激励是通过数字化积分在个体层面实现激励的机制，企业与用户互利，用户在激励机制中获得收益（经济收益或精神收益），企业从激励机制中达到目的（拉新、促活、扩大知名度等）。

二、场景激励：人人获益的数字化激励

所有获得成功的产品都离不开用户的付出，但用户对产品的贡献因为难以精确计算而一直被忽视。趣头条的数字化激励之所

以能快速成功，是因为其从根本上正视了用户对产品和企业的贡献。例如，阅读趣头条文章可获得 10 个金币，查看推送链接可获得 10 个金币，晒收入可获得 50 个金币，唤醒好友可获得 1000 个金币，邀请好友则直接得到现金奖励。总之，用户从注册趣头条开始后的每一个动作都会获得奖励——可兑换为现金的金币。

当然，仅将趣头条的激励看作"烧钱"补贴，并不妥当，因为"烧钱"形式可以让用户直接提现所有补贴，而激励机制中用户所获得的奖励提现是有限制的，如趣头条用户不能直接提现所有积分，需要每天使用 App，获得特定数量的金币后，才能提现相应数量的金币。正因如此，总有一些金币得不到提现，为了兑现这部分金币，用户就会每天打开趣头条。

数字化激励不只是简单地利用利益驱动用户行动，而是从根本上改变了企业与用户之间的关系，从高门槛的只有部分用户可以获益，转变为低门槛的所有用户都可以获益。因此，数字化激励人人获益，其本质就是用户与企业合作，通过各自努力推动产品发展，再根据各自的贡献获得收益。

三、赋能渠道：从人人获益到渠道资本化

可以预见，未来数字化激励不会停留在用户激励和渠道激励，而是会向渠道资本化方向发展。

渠道资本化通过数字化充分赋能每个环节，使每一个层级都能实现流量价值与传播价值的最大化。数字化企业要想获得新的

增长空间，就必须激励用户和强化渠道，进一步强化用户的能量；同时，还要树立激励用户的营销思维，将积分和企业红利、销售红利等捆绑在一起，让渠道红利与营销策略得到最大转化。

格力第一次尝试网络直播便折戟沉沙，收入惨淡，其原因就在于只有集团获益，经销商和用户只是出力者和贡献者。格力第二次网络直播则完全放弃了"独角戏"方式，将全国几千家经销商和三万家线下门店都囊括进来。格力用数字化的方式联合各个渠道，让门店传播消息，并把门店传播带来的流量贡献以数字化的方式锁定，再通过提成和积分的方式奖励经销商。因此，格力直播刚一开始，几千家经销商和三万家门店就使出浑身解数引导用户下单消费。直播销售折扣较大，用户得到了实惠，格力总部也因为经销商、门店和用户三方获利而实现获利。也就是说，格力空调通过数字化激励手段成功实现了品牌方、渠道方和用户的三方获益共赢。

渠道资本化将用户激励与渠道激励相结合，可以彻底赋能每一条渠道、每一个用户，实现价值最大化。

第四节　从入口思维到全触点营销

为了获得更精准的用户匹配，提高客户转化率和购买决策，数字创业企业在进行广告推广时可以采用多种数字化模式，如在线广告投放、社交媒体广告、电子邮件、内容营销等，以及新型的数字智能引擎、大数据平台工具。

入口思维，是指用户通过哪些渠道获得信息，品牌和产品就要去占领这些渠道。例如，线下店铺、地面广告、信息流广告、销售平台、App 等都是流量入口，用户信息的总流量就来自这些入口的线性叠加。

触点，是指用户在日常生活和工作中可能提及产品或需求的场景，在用户交互中可能激发的需求，包括市场触点、渠道触点、服务触点等，通过用户在线化、多触点刺激，引导用户提高购买频率和分享频率。

下面针对三个重要触点做详细解释。

一、市场触点

说服的最高段位是让对方自己说服自己。同理，真正的用户决策也不是企业或品牌通过一系列"证人证言"说服用户，而是让用户通过自己的所见、所闻、所思、所想说服自己。而要想实现这一目的，企业就要为用户营造一些触点，让用户通过眼、耳、鼻、舌等各类感觉器官去积极发现，并影响他们的大脑，最终影响或改变他们的判断和决策。

在所有触点中，市场触点是最直接的，当它处于各类市场环境中时，用户可以直观触发感受。市场触点包括以下五种主要类型。

（1）口碑。无论在任何时候，用户口碑都异常重要，企业必须通过合理化方式获得用户的好口碑，并鼓励用户向其他潜在用户推荐产品。此外，KOL 的转发、评论等也会在一定程度上影响潜在用户，因此要努力发现对用户有重要影响的 KOL，更多地了解企业的产品价值，运用激励机制，让他们主动发表正面意见。

（2）官网。这是一个既重要又正式的流量入口，企业要加强官网内容的建设，优化用户体验，并和微信进行匹配链接，提升用户识别能力。

（3）会销（会议营销）。企业要通过营销自动化系统，从会前邀请、审核到会议签到和会中互动，再到会后的调查问卷，完成一站式闭环营销。

（4）在线直播。企业要将线下活动平移到线上，通过线上直播与用户互动，提高用户参与率，获取用户数据。

（5）物料。在发放的物料上附上二维码，作为流量入口，在不同物料上的触点后埋入不同的标签，引导用户必须通过扫描二维码才能获得一些优惠或权利，待用户扫码后，要根据埋设的不同标签推送不同的内容。

二、渠道触点

不同于市场触点企业可以直接获取用户数据，渠道触点是指企业在各地的代理商，企业一般不能越过代理商而直接获取代理商所掌握的用户数据，代理商也无法跨过企业而直接获取企业掌握的用户数据。因此，企业必须实现组织在线化，将渠道商团队全部放到线上体系中。而搭建了营销自动化系统，就可以免费把在线直播、案例、电子名片等工具提供给渠道商，帮助渠道商进行赋能管理，打通全渠道触点。

三、服务触点

如今，服务早已不再是"一手交钱一手交货"的短暂服务，已经延伸到对用户购买产品前的需求把握、对用户购买产品的决策流程洞察和对用户使用产品的过程追踪。尤其是在用户购买产品后的购后流程，将服务触点全部纳入营销触点，既可以为扩展营销和复购销售做好准备，还能让产品更深层次地进入用户的生活场景，将品牌和企业植入用户的记忆深层，随时调取。

第五节　提升线索精度

在营销过程中，众多企业形成了这样的共识：如今，获客成本越来越高，需要运用组合形式的数字营销策略构建自己的流量池。企业要"撒网"，打响知名度，迅速切入市场，获得流量，建立品牌；要想带来实际的营销效果，企业还要在精准获得流量的同时，快速将流量转化成销量。

营销旅程可以分为五个阶段：潜在线索阶段、市场认可线索阶段、销售认可线索阶段、商机阶段、成单阶段。对于很多企业来说，在销售开始跟踪线索前，一般会由市场部完成线索增长，判断线索质量以及辅助销售转化线索。市场部则会通过各种手段获取销售线索，如内容营销、活动运营、付费推广、忠诚用户口碑裂变、BD（business development，商务拓展）等，再通过 SDR（sales development representative，销售开发代表）筛选验证线索，最后将有价值的销售线索传递给销售人员。

截至目前，销售对于潜在用户的了解有哪些呢？大概只有姓名、联系方式、任职企业、职位等基本信息，对于更重要的信息，如潜在用户之前和本品牌有过哪些互动、阅读过哪些本品牌或相关品牌的主题文章、下载过哪些本品牌或相关品牌的白皮书资料等，仍然知之甚少。销售对潜在用户了解不多会导致两种不好的局面：一种是销售跟进线索时的转化率低下，另一种是引发企业内部市场部和销售部的矛盾。

一、市场部提升线索精度

从提供线索的市场部出发，这部分工作完全可以优化，既不会太多地增加自己的劳动强度，又有利于销售部门跟进转化线索。具体有以下三个关键点。

（1）完善转化路径，打造转化闭环。潜在用户之所以尚未转化为交易用户，原因有很多，如对产品还没有十足信心，或者近期还没有购买计划，或者对竞品有更强的关注度，等等。将不成熟的线索交给销售部，销售第一次跟进，只能是"蜻蜓点水"式的，潜在用户掀不起任何波澜，要想实现转化，必须继续培育。这时让以转化为目的的销售部培养线索显然不合适，应该将不成熟的线索放回线索池，由市场部继续跟进，通过个性化的内容营销、活动运营、线上直播等方式，对未成熟的潜在用户进行持续影响。待线索成熟或趋近成熟时，再通过 SDR 检测合格后交给销售部，提升线索的利用率和转化率。

（2）持续收集信息，完善用户画像。如今社交平台上有大量的浏览行为数据，只要使用一定的技术，就能对这些数据进行收集和分析，分析潜在用户的行为和偏好，进一步洞察潜在用户的历史行为信息和认知水平信息。例如，Market UP（一站式营销自动化管理平台）聚合营销工具。其聚焦用户应用，结合用户反馈，对后台各功能模块进行分类重组，并通过大类模块细化具体功能，方便营销人员更好地掌控各大模块下的全局功能。Market UP 具备强大的数据追踪能力，既可以跨平台追踪、收集和整合，也可以对用户进行全生命周期的精细化洞察，快速捕获并精准挖掘高价值的销售线索。市场部门与销售部门可以同步掌握线索信息，在真正意义上实现"获客推广一体化"。

（3）持续收集信息，同步营销进度。市场部一方面要持续收集信息，完善潜在用户画像，另一方面要借助 CDP（customer data platform，用户数据平台）将收集的信息及时同步给相关销售人员。CDP 可实现一站式线索信息收集整理，统一管理，提供培育、共享用户信息的功能，如可以聚合多个渠道的用户身份信息，提供全面统一且可持续更新的用户档案，以方便各部门及时取用相关信息。

二、销售部提升线索精度

销售部不仅要从市场部获得线索，还要自己发掘线索。要想实现线索精细化管理和提高线索成交率的目标，可以采用以下五种方法。

（1）线索清洗。该方法主要针对联系方式进行筛选，可以分为机器筛选和人工筛选。机器筛选主要针对重复手机号、错误手机号、停机手机号、手机号位数错误、空号、传真号、竞品"卧底"识别等，初步筛选出不符合要求的线索；人工筛选主要针对无人接听、长期关机、空号、停机等进行线索清洗。

（2）线索分类。提炼不同渠道的线索质量、线索级别，针对不同线索来源、广告渠道、媒体细分渠道、来源活动信息、购买意向等进行数据管理。企业可以根据自身运营的实际情况进行分类、评分和评级。

（3）线索分级。线索质量分级标准分为线索质量优先度排序和渠道线索打分模型。前者是对线索本身的质量进行优先度排序，下发给具体销售人员跟进，再将跟进结果分类反馈到数据系统，如将线索分为真实有效线索、高意向线索、低意向线索、不确定线索、战败线索、无效线索等；后者是指给不同渠道的线索质量和效率进行打分，以此反推市场营销的活动质量和传播效果，根

据实际情况可分为战胜、战中、战败、两次战败、三次战败、结
案关闭等。

（4）时间轴。根据用户从形成需求开始的行为的时间顺序数
据，分析和判断用户可能购买的时间阶段。为此，就要建立用户
行为时间轴，为一线销售人员提供清晰的用户画像和用户行为指
导；同时，为了提高转化率，要格外关注时间轴的高购买率阶段。

（5）线索模型。所有用户的触点数据都会通过 DMP（data
management platform，数据管理平台）有针对性地检测用户的行为
轨迹，为用户画像进行线索评分。

第十章　数字化创业的组织结构

在数字化创业团队中，各部门之间不仅有联系和协作，有时也存在职能交叉。在市场推广中，技术研发部门的设计理念和操作界面发挥着重要作用；数据部门的分析结果也会及时反馈到运营和市场中，提升公司的整体精益运营。因此，数字化企业组织结构的设定应当保持适度弹性化，在适合公司目标及横向组织机制下发挥最佳效用，从组织的底层系统到动态股权的搭建再到搭建数据平台和智能分析系统，最终完成无边界组织的全面构筑。

第一节　打造数字化组织操作系统

创业企业经营的所有工作都由人来完成，而数字化创业企业在建设的过程中经常会遇到人才不匹配的问题，因而无法将数字技术落地到用户服务场景中，不能让每一个环节的人都快速适应新的流程。试想，一家拥有上千家门店的实体企业要想在所有收银机的键盘上新增一个按钮，面临的挑战有多大！

我们虽然能够比较容易地提出数字化的设想，可对数字化建设却很难推进，因为数字化与实体融合面临的问题比想象中要复杂得多。要想破解设想与现实之间的鸿沟，就要通过不断实践得出"数字创新实验室"的新结构，确保企业数字化建设少走弯路，节约成本，以最快的速度和最佳的效果完成数字化布局。

一、数字创新实验室

为了让企业自身优势得以发挥，又不让数字化人才受到外部大环境和内部传统化土壤的负面影响，就要搭建数字创新实验室架构。该构架是在具体经营实践中探索出来的一种全新的有效路径，是新数字机构提出的一个"数字化组织操作系统"的解决方案。具体应用模式是：以企业为主导，通过"孵化＋资本"模式，设计一套融合式激励制度，引入外部优秀团队、人才参与"共同创业"，构建一个不受内部系统和外部环境干扰的数字化建设的创新环境。

数字创新实验室的目的是给新创企业和传统企业赋能数字基因，用不断融合发展的方式完成企业的数字化建设或转型。

如今，新数字正在联合大量头部企业构建"新数字创新智库"，整合优秀的数字人才搭建"新数字开放式生态社群"。随着数字创新实验室的落地，新创企业的数字化建设也将顺利完成。

二、柔性组织

如果说数字创新实验室是构建数字化组织的底层操作系统，那么柔性组织就是数字化组织的顶层呈现。

与柔性组织相对立的是刚性组织，其具有明确的治理架构和层级关系，各层级之间的结构和职责明确，关系不可变动，按规定行使各自的权利。刚性组织曾被证明是非常成功的，它指引着企业从工业时代走到网络时代。但在面对网络时代的复杂场景时，刚性组织逐渐表现得力不从心：一方面无法满足现代企业对于激发活力和创新力的需求，另一方面阻碍了人才的涌现和发展路径。在刚性组织中，优秀的人才始终被框定在一个固定的岗位上，一项决策的制定要经过固定的流程。到了数字时代，刚性组织的弊端被更多地暴露出来，为了适应新经济时代的需要，企业必须调整组织结构。

柔性组织是在实践中诞生的。其具有非常大的灵活性，组织成员之间的关系比较有弹性，各级决策权相对灵活，可以很好地应对实际工作中的变化。对比刚性组织，柔性组织的核心改变是"让听得见炮声的人做决策"。

2009 年，任正非在华为开年演讲中表示，要让一线员工获得决策权，后方起到保障作用。之后，华为组建了更有生机与活力的现代化组织，企业直面现状，简化办事流程，更高效地解决问题，极大地提高了运行效率。

如今，柔性组织最大的应用领域是网约车与外卖行业。网约车司机的工作量和收益的上下限由自己决定，无须向任何人汇报，需要自己积极主动地获得相应收益。外卖骑手也是如此，可以自由决定自己的具体工作时间，因为他们采用的是线上协作的抢单模式，即使上一天班的骑手只有往日的一半订单，也能完成工作总额。

依托数据化的底层赋能，现代企业可以快速灵活地构建自己的业务模块。因此，即使没有严密的组织架构，柔性组织也能稳定运行。这种在操作层面的自由化模式已经在社会生活中显现出逐渐推广的态势。

第二节　从组织力到动员力

很多传统企业经营者感到好奇：互联网企业一般都没有重资产，甚至没有什么资产，仅靠一些软件，就能被估值千亿元、万亿元，这是为什么？

有这种疑问的人不仅不理解互联网企业的运作模式，也不理解什么是互联网企业。那么，如何判断一家企业是互联网企业还是传统企业呢？我们不能简单地以该企业是否开发软件来判断，也不能以是否通过信息化方式改变自身效率来判断。例如，为了搭建信息化系统，中国工商银行迄今为止已经花费上千亿元，但它并不是互联网企业。判断标准要看如下几个方面。

一、资源组织形式

传统企业是集合若干市场要素（土地、劳动力、资本等）的组织形式，需要用组织力管理产权范围内的要素。例如，如果某人要开办一家工厂，首先需要一块土地（买或租），在这块土地上盖好厂房；然后，买入设备和雇用工人。开工生产后，老板要给工人发工资，并支付其他用于支撑生产所需的费用。因此，传统企业驱动的资源都来自其拥有产权的资源。

可是，互联网企业几乎没有自己驱动的资源的产权，其驱动的资源都不是自己的。以网约车行业为例，用户在网约车平台上叫到一辆车，这辆车并不属于网约车平台，驾车的司机也不是网约车平台的员工，车辆的油费和保养费也不由网约车平台承担，叫车的手机和接单的手机也不是由网约车平台提供的，唯一属于网约车平台的只有打车软件，网约车平台却将这仅有的产权资产免费提供给了司机和用户。从用户在网约车平台上叫到一辆车开始，到用户被送达目的地缴费的整个过程，任何东西或产权都不属于网约车平台，这些资源却都在为网约车平台创造利润。

二、组织力和动员力

传统企业驱动其拥有产权的资源，并组织这些资源做一件事，叫作组织力。互联网企业驱动其不拥有产权的资源做一件事，这叫作动员力。

思考一下：你的企业是在用组织力驱动自己产权范围内的资源，还是在用动员力驱动不属于自己产权范围内的资源？

再思考：如果新创一家企业，你是希望用组织力驱动产权内的资源，还是用动员力驱动产权外的资源？

显而易见，当然是后者更具优越性，企业经营也更有张力。尤其是在由互联网时代向数字时代过渡的当下，只有驾驭更多资源，企业才能具有更强的生命力。

在传统企业遭受世界经济大环境冲击的今天，互联网企业和数字化企业却在享受世界经济大环境带来的好处。例如，近几年受疫情冲击，为了应对危机，传统企业不得不降薪或裁员，甚至直接停产、倒闭；而互联网企业和数字化企业几乎没受到任何影响，比如，网约车平台既不用养车，也不用为司机发工资，如果行情不好，只需减缓平台运转，待行情恢复再加速平台运转即可。

三、剩余索取权

传统企业的赚钱模式实实在在摆在我们面前，只要取得经济学上的"剩余索取权"就可以。比如，某工厂的产权是我的，年营业收入在支付完各种成本费和税费后，剩余 1000 万元，我只要证明自己拥有这家工厂的完整产权，就有权获得工厂年底剩余的所有利润。

互联网企业和数字化企业的赚钱模式则比较"隐蔽"，没有明面上的剩余利润，更多的是过程中的运营分红。例如，网约车平台会跟司机在网上签订一份协议，内容包括司机从网约车平台接单的收入中，X 占比属于平台，Y 占比属于司机。在这种情况下，网约车平台的司机就拥有了收入中 Y 的产权占比，据此拿到属于自己的收入。

表面看来，无论传统企业还是互联网企业、数字化企业，都能赚到属于自己的"剩余索取权"利益，但它们的内在驱动力完全不同。对比出租车司机和网约车司机对待用户的服务，我们就能感受到二者的差异。当然，我们不是说出租车司机的服务态度不好，而是说网约车司机比出租车司机更能照顾到用户的感受。因为，网约车平台有评价打分功能，网约车司机是在为自己工作，不需要统一思想，也不用贯彻企业文化，司机都能自觉地为自己的利益努力。从这方面也体现出动员力比组织力更具优势。

数字经济时代下，企业应该努力从组织力向动员力转变，借助数字技术将各方资源整合起来，而不是简单地将其归集到自己名下。只有正视动员力资源中的产权结构，企业才能站在更高维度，获得本质性升级。

第三节　打造企业数字化组织"路由器"

虽然数字化创业企业的规模不大，但企业管理者在设计数字化系统时需要考虑到日后发展的兼容性，从一开始就要搭建好架构，意识到系统协同的力量，提前做好协同性的工作。

通过业务经营赚取利润是企业创立的目标，而不断地通过横向扩大/纵向深入的业务经营赚取更多利润，则是企业的长期目标。因此，经过一段时间的发展后，为了满足国家政策、市场规范、人力管理、项目管理、生产管理、销售管理、预算管理等不同维度的业务经营管理需求，创业企业就要搭建集团、法人公司、部门、事业群等各种分支组织。

根据企业经营横跨组织的程度，企业可以分为生态 / 集团型企业（包括 N 个事业群、N 个法人公司、N 个内部部门、N 个外部生态组织等）、多元业务型企业（多元业务相对独立，主要面向内部协同）、单一业务型企业（并非只有一类业务，但主业占绝对地位）三大类。不同形态的企业基于业务需要，可以制订不同的组织数字化解决方案。

（1）生态 / 集团型企业。在整体规划的基础上，搭建统一的对内与对外的平台型生态组织，形成网状的、面向业务动态联动的数字化组织服务体系。

（2）多元业务型企业。为了满足业务多元发展需要，搭建涉及上下游的内部管理组织体系，一方面支持各条业务线快速发展，另一方面对新增业务线快速试错。

（3）单一业务型企业。为了满足主要业务发展需要，搭建能够同时支撑其他业务独立运行的内部管理组织体系。

数字经济时代，为了满足企业实际业务情况和组织建设的需要，就要提供有针对性的组织建设解决方案。我们建议打造企业的数字化组织"路由器"（也称为"组织中心"），让组织可以在线赋能各项业务（见图 10-1）。具体可以细分为以下两点。

（1）把集团内分散的组织建设成统一的、可信任的标准组织的运作过程。

（2）基于业务场景需要，提供统一的标准组织服务。

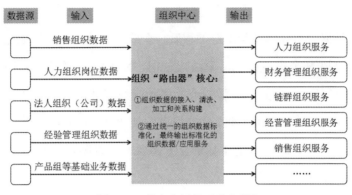

图 10-1　数字化组织"路由器"

一、核心能力和业务范围

根据领域建设思路（包括领域的核心对象、属性和能力、可独立闭环），组织数字化管理的核心能力包括以下方面。

（1）组织生命周期管理。包括增、删、改、查，以及从时间维度锁定的组织版本。

（2）组织属性。包括业务属性（约束组织的职责）和关系属性（约束组织之间的关系）。

（3）组织成员关系。组织单元之间的关系可直接通过关系属性实现。

可见，只要确定了组织的核心能力和业务范围，就可以进一步打造组织的服务能力，包括逻辑层（处理组织内部的各种运行逻辑）和应用服务层（输出标准化的组织应用服务，以满足业务范围内的组织服务需求）。

二、组织数据与组织版本

（1）组织数据。只有确定组织数据身份的唯一性，建立一套系统化的编码和生效体系，才能确保组织中心数据可信任。基于自身业务需要搭建的组织，其系统通常是无法替代的。在这种情况下，就需要清晰搭建统一标准的映射关系，确保在不同业务系统内的名称相同并最终锁定，即进入组织后能够关联到同一个组织单元（组织 ID 唯一）。

（2）组织版本。作为一类业务对象，组织需要有时间属性，组织的变动（针对业务属性和关系属性）需要通过"生效时间"和"失效时间"实现增、删、改、查等联动。

有了时间属性，将组织变动基于时间轴存储为档案记录，就可以通过历史时间点检索组织数据和属性状态，追溯不同历史时期的组织属性和组织关系 / 架构。这些历史时期的组织可以看作各个不同版本的组织。

第四节　搭建全局数据平台
和智能分析系统

与传统企业相比，数字化创业企业在业务、组织、技术等方面展现出不同的特征，其核心是构建"以用户为中心"的能力体系，包括多元化能力、敏捷能力和智慧大脑。

一、多元化能力

面对内外部复杂多变的运营管理环境，数字化企业需要具备四种能力：敏捷、精益、智慧、柔性。支撑这四种能力的是先进的 IT 架构、一系列组织流程和人员的数字化技能。然后，数字化企业再进行能力打造，以确保各个域之间既能互联互通，又能各自灵活发展。

数字化企业多元化能力在每个域的能力特点各异，并对应不同的业务需求。

（1）用户互动。以用户为中心，全生命周期、全渠道、全价值链、全关联性，强调敏捷程度和用户体验。

（2）资源管理。以流程为中心，围绕 ERP，强调稳定、精益和高效。

（3）智慧洞察。以数据为中心，全域 / 场、全形式、全时段、全场景，强调智慧化、自动化和灵敏化。

（4）智能生产。以机器 / 技术为中心，围绕 IoT 和企业生产制造系统，强调成本、效率、质量和柔性。

二、敏捷能力

在数字化时代，只有具备敏捷的反应能力，企业才能对外把握用户和市场的迅速变化，对内满足管理要求。而要想构建敏捷能力，需要业务模式、IT 架构、产品开发方式等同步实现。

有助于实现敏捷能力的业务模式、IT 架构和产品开发方式的说明如下。

（1）业务模式。采用"一线尖兵 + 后方平台"的方式，一线团队在第一时间将用户需求传递回平台，让用户需求的变化通过信息共享直达企业内部各资源部门和决策部门，实现敏捷应对。

（2）IT 架构。通过微服务结构、快速开发环境和云端资源，在最短时间内上线新的 IT 服务。IT 架构的核心是微服务结构，其将根据传统结构打包在一起的、满足用户需求的服务组合拆分为服务能力子项，分别上传给服务应用，对不同服务子项重新组合，就能获得新的服务（见图 10-2）。

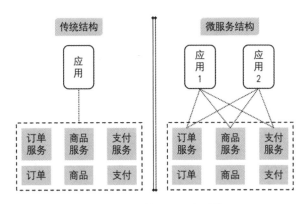

图 10-2　传统结构与微服务结构对比

（3）产品开发方式。采用设计思维和敏捷迭代方式，通过用户角色模拟、聚焦小组分析、最小原型产品设计，在最短时间内上线产品，并进行迭代优化。

三、智慧大脑

以数据价值为基础，以人工智能技术为引领，搭建全局数据平台和智能分析系统，洞察企业运营管理的所有环节，并从分析运营结果向预测未来发展转化。

智慧大脑的建设需要满足以下要求。

（1）数据类型。数字化企业需要处理大量的非结构化数据，包括语音、图像、视频和文本等。

（2）数据来源。数字化企业的数据来源主要包括运营管理的内部数据、公共网络数据和第三方数据。

（3）数据分析。数字化企业采用分析加预测的架构进行事前分析，通过智能算法处理海量数据。

（4）数据服务。形成独立的企业数据整合 / 分析平台，以数据服务的形式向企业各应用提供服务。

在企业的数字化运营中，依靠智慧大脑发现运营问题，形成商业决策，跟踪优化效果，是企业持续推进数字化建设、获得业务价值的关键抓手。

第五节　无边界组织

经济学家罗纳德·科斯最早提出了企业边界理论，他在《企业的性质》一书中说："当企业内部交易成本等于企业外部交易成本时，企业便停止扩张。"怎么理解这句话呢？举个简单的例子。

甲开办了一家木料加工厂，既要加工木材，还要将加工完的成品运送给客户。甲经过计算，外包运输成本是 20 元 / 吨，养一支运输队的成本是 12 元 / 吨，他决定成立一支运输队。随着产量的增加，运输队不断壮大，车辆和司机也不断增加。终于有一天，甲惊讶地发现自己的运输成本已经上升到 24 元 / 吨，还不包括个别司机偷油、偷料及途中出事故等。甲决定撤销运输部门，将车辆全部卖掉，运输人员或遣散或调岗，转而联系其他运输公司。

虽然甲是在发现运输成本上升至 24 元 / 吨后选择外包，但按照商业法则，选择外包的临界点是"内部交易成本等于外部交易成本"，即 20 元 / 吨。运输队的存在已经不能为甲的公司节约成本，反而会造成更大的成本负担，扩张自然也就停止了。

因此，企业要想不断扩张，首先就要降低内部交易成本，包括跨部门的沟通、层层审批、各环节审计等。如果接到一笔订单后，经过七八个部门的批准，企业才能突破产品的标准价格，客户恐怕早就不见了。在经营中很多企业之所以会遭遇扩张瓶颈，就是因为内部交易成本太高。腾讯内部有一句话：决定腾讯边界的，是自己的组织成本。

现在很多企业在倡导赋权，就是将权力下放，但由于内部流程设计得精密且复杂，所以无法真正赋权。企业越成熟，KPI 设计得越好，组织内部的边界就越清晰，越不可逾越。企业把权、责、利等划分得太清楚，员工只要做好自己 KPI 范围内的事就行，根本就没权力、没必要、也没心情去管 KPI 之外的事情。

例如，X 公司法务部门的员工发现某合同里存在潜在风险，但由于跨部门沟通的流程太烦琐，自己还要承担提出意见的责任，这件事和自己的 KPI 又没有关系，最后便没有向上级提出意见。后来，这项风险爆发，公司虽然追责了相关责任人，但自身也承受了不小的经济损失。

再如，Y 公司实行权力下放，这使得跨部门更容易沟通。法务部门的员工发现某合同里存在潜在风险，便直接找到市场部门提意见。市场部的人员虽然认为这项风险在可承受范围内，但依然接受了他的建议，添加了两个约束条件，成功避免了后面可能爆发的风险。

通过上述对比案例可以看出，边界不仅会让企业的内在交易成本居高不下，还会将原本容易发现、解决的问题拖到"病入膏肓"。

要想降低企业内部交易成本，仅凭简单的一句"赋权"或"权力下放"根本就没用，更不能要求每个员工都以领导者的目标为目标。很多领导者喜欢在不自觉中树立各种边界，最典型的就是在年会、季度会、月会上制定 KPI。为了自身利益，员工自然会以自己的 KPI 为目标，根本就不管别人过得怎么样，企业内部的各种边界就会始终存在。

一般来说，企业有以下四种边界。

（1）垂直边界。指上下级之间的界限。

（2）水平边界。指不同部门之间的界限，即"部门墙"。

（3）外部边界。指企业内外之间的界限，如内部员工与外部供应商。

（4）地理边界。指企业内各分支机构所在地区之间的界限。

企业内部的所有边界根本就无法消除，就像人们无法改正自己的性格缺陷一样。很多事情只能控制，慢慢地让新习惯代替旧习惯，自然就能逐渐形成好的性格。直接纠正只能让人们在痛苦中放弃改变。

同样，创建无边界组织也不能一步到位、追求企业内部无边界化，最佳解决方案就是放松四种边界，增强边界的可渗透性。可行的举措是，通过信息化手段降低交易成本，划小经营单元，把权力真正下放。

信息化平台的本质是通过系统的方式降低内部交易成本。企业信息化的唯一目的不是提升生产效率，而是降低内部交易成本，提高扩张力。

划小经营单元是让企业内部的每个经营团队自己决定怎么花钱。比如，企业跟经营团队约定一个月的营销成本为 3 万元，团队只需为利润负责，至于过程如何，则由经营团队自己决定。然后，企业再根据小经营单元的营收水平和边际利润决定为小经营单元增补或降低多少成本。

需要注意，虽然披着"划小"的外衣，小经营单元在实际执行时若没有任何自主决策权，这样企业就会被边界牢牢锁死。因此，只有真正用好划小经营单元机制，真正执行划小经营单元机制，才能彻底突破企业内部的边界限制，让业务得到快速扩张。

第十一章　数字化创业的内部管理

数字化创业企业的内部管理就是利用大数据、信息化、物联网、5G等新技术，将研发、计划、生产、销售、组织、协调、绩效、激励等业务流程进行数字化，将各信息系统的信息通过网络编码格式加工生成全新的数据资源，让企业资源得到合理配置。例如，采用沟通平台，如云端文件、内部通信系统等工具，营造一种信息透明、合作开放的团队文化氛围，并加强员工之间的交流和互动。

第一节　从"人治"到"技治"

智能型的数字化创业团队注重流程的数据性和逻辑性，它们会从分析用户反馈的实证中获得理解真实环境的能力，因此数字化创业团队的领军者往往倡导人性化管理。当然，这也是由数字企业的文化决定的。

人类社会发展到新阶段，并不意味着后一阶段要把前一阶段的模式通通抛弃，而往往是在前一个阶段的基础上进行升级。从野蛮时代进入农耕时代，语言和文字很重要；从农耕时代进入工业时代，蒸汽和电力等科技很重要，但语言和文字同样重要；从工业时代进入网络时代，信息资源变得很重要，但电力、能源等科技和语言、文字等能力也同样重要；从网络时代进入数字时代，数据资源变得很重要，但信息、电力、能源等科技和语言、文字能力一直很重要。

　　同理，企业管理的发展也在不断更新换代，后一个阶段要融入前一个阶段。公司制从形成伊始就奉行"人治"，后来引入制度成为"制治"或"法治"，然后又引入合伙人成为"合伙人制"。制度是人制定的，合伙人的核心也是人，始终没有离开"人治"。数字时代，数据逐渐成为核心资源，能够最大限度地收集、储存、分析和整合数据的技术成为核心能力，人逐渐退到第二线，企业管理的第一线留给了技术，因此技术治理——"技治"成为数字化企业的企业治理核心。

　　要想从时代进步和企业发展的宏观角度解释企业治理从"人治"到"技治"的发展规律，着实有些笼统，但我们可以从企业经营的角度来阐述。从工业时代到信息时代的漫长过程中，企业都在努力提升管理能力，几乎将比拼利润和提升效率做到了极致，想通过"人治"去拉升企业经营效率已无可能。

　　数字时代，数字化企业星罗棋布地出现，数字产业、数字产品、数字营销、数字战略、数字文化等迅速出现并铺开，传统企业愈发感受到了压力，转型成为必然选择，但"人治"之路已经走不通，需要向数字化企业的"技治"靠拢，企业面临全面洗牌。新创企业应该直接踏上"技治"之路，不再跟管理要效益，而是跟治理要秩序，从单纯地对企业内部进行"管理"发展到对企业所处生态的"治理"（见图 11-1）。

　　从"人治"到"技治"的背后，隐性驱动员工行为的是企业的"数字文化"，显性呈现的是每个参与个体的"行为动作"——"数字能力"。

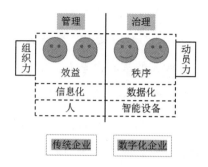

图 11-1 传统企业"人治"与数字化企业"技治"的区别

企业数字化演进的进程，大的流程是工业时代→网络时代→数据时代，而从网络时代到数据时代又经历了电子化、信息化、数字化三个时期。传统企业会通过从电子化到信息化时期获得的数据做决策，实现对内部资源的调用。而新创的数字化企业或转型成功的数字化企业则会通过算法进行管理，将决策引向智能化发展，调用社会资源。这些资源不为己所有，却能为己所用。因此，从"人治"到"技治"其实也是从发挥"组织力"到发挥"动员力"的转变。数字化企业具有同时调动企业内外部资源、提高企业所处行业维度的能力，可以使企业的边界无限扩展，实现产品融合。

第二节　数字化生产运营分析

通过对产业数据的分析，企业就能实现生产运营智能化，获得产品开发成本降低带来的利益、毛利增长带来的利益和运营成本降低带来的利益。

产业互联网释放价值的决定环节就是对原始产业数据的分析。对于数字化企业来说，生产运营智能化不仅是数据，还包括隐藏在这些数据背后的业务逻辑和运行机理，再将分散在实际生产运营环境各环节中的数据有效衔接起来，通过挖掘这些数据真正的业务价值，帮助企业主动诊断和识别产品缺陷、产线效率、设备故障等问题，最终实现对生产运营的深度洞察。

产业互联网平台的优势就在于，通过数字主线为企业实现全面运营智能化提供强大的数据支持。企业可以在以下应用场景实现生产运营的数字化和智能化。

（1）基于工位的统计分析。只要完成数据驱动装配，企业就能将生产过程中的所有数据以工位为基础进行收集和记录，并进行一系列统计分析，包括工位节拍分析、生产周期及瓶颈分析、基于工位的物料预测、员工绩效评估、质量问题相关性分析及追责等。

（2）产品工艺优化。将制造过程中的设备、效率、成本、能耗等数据进行汇总和归纳，展开建模分析，优化运行过程的状态检测与工艺参数。将参数（工艺参数、设备运行参数等）与性能（产品质量性能、产线产能、生产能耗等）进行深度关联，形成数据闭环，就能得出最优的参数和产品工艺，从根本上提高产品质量和生产效率。

（3）KPI智能预警。设定预警KPI的目的是对实时数据流进行异常检测，具体做法是基于条件、阈值或运算结果实时对KPI进行异常预警，以提供更有效的日常生产运营支持。

（4）预测性维护。建立具有预防性、预测性的维护模型，在生产过程中及早发现异常并将其解决，以确保生产线和设备的正常运行。

（5）生产线优化。基于生产线的历史运行数据和运行曲线，建立生产线绩效基准，进行产能预测和物料配送，发现生产线瓶颈和低效问题及其原因，有针对性地进行改进，持续优化绩效指标和生产线性能。

数字化运营生产分析的目的是最大限度地提高生产率和降低生产成本，因此必须提高企业生产运营中的关键指标KPI的实时可见性。因此，企业要全面推行数字绩效管理，首先要有一套统一的、规范化的KPI指标定义和计算规则；其次要有统一、全面、IT/OT（信息技术/操作技术）融合的数据支撑平台。

数字绩效管理能帮助企业从基于指标分配的KPI核算转向基于实际运营结果的向上统计分析，提高KPI指标计算的实时性和准确性。

鉴于产业互联网平台的开放性和可扩展性，随着数字化进程的加快和企业应用的深入，产业数据分析应用将会更加多样，这也成为企业运营智能化的综合体现。

第三节 基于数据采集的 OEE 优化分析

从理论上来说，每个生产设备都有自己的最大产能，但要想实现，就要减少干扰和质量损耗。生产在实际进行中会受到各种因素的干扰，因此根本就不可能达到最大产能的要求，这些干扰因素包括设备故障、调整或更换，设备表现低效。

设备综合利用率（overall equipment effectiveness，OEE）是 SEMA 组织于 1999 年提出的一项用于衡量设备生产能力的计算方法，指的是实际合格产量与负荷时间内理论产量的比值。

OEE 不仅考虑设备在时间上的利用情况，也考虑由于操作不当和工艺不佳造成的性能降低和产品合格率问题，它既能全面体现设备在生产中的利用情况，也能深度发现设备生产的产品的质量问题（见图 11-2）。

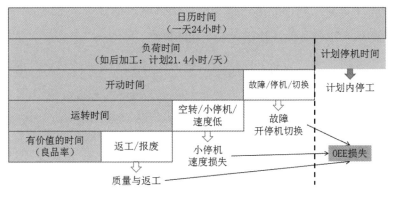

图 11-2　OEE 的损失

OEE 的计算公式为

OEE = 时间稼动率 × 性能稼动率 × 良品率

（1）时间稼动率。指的是有效运行时间与负荷时间的比值。公式为

时间稼动率 = 开动时间 ÷ 负荷时间 ×100%

其中，负荷时间 = 理论工作时间 - 休止损失时间。

（2）性能稼动率。它体现设备原来具备的性能可以发挥出多少，是指设备有效生产的程度，指设备的实际运行速度和设备的固有设计能力之间的比值。公式为

性能稼动率 = 运转时间 ÷ 开动时间 ×100%

（3）良品率。指的是合格品数量所占的比例，是用设备的生产精度反映设备的运行状况。公式为

良品率 = 合格品数量 ÷ 生产数量 ×100%

运用 OEE 还可以识别并降低由统计波动和依存关系带来的瓶颈工序设备的效率损失，使隐藏或损失的产能释放出来，优化企业的生产工序，促进企业有效产能的提高。

提升产线或设备 OEE、降低非计划停机率是企业改善产能瓶颈、提高生产效率、降低生产成本的重要方式。通过产线 OEE 的综合统计看板，可以分析出一定周期内影响产线 OEE 的关键因素，进一步分析问题原因。

各类企业的 OEE 综合统计看板有所不同，但都以图 11-2 的理

念为设计基础，可以直观地了解每项指标相关的统计数据、产线
当前的各项指标的运行情况、每项指标可改进的空间，以及影响
这些指标的关键因素。

　　某企业的产线OEE统计看板包括总时数、可用时间、启动时间、
运行时间、理想产量、实际产量、良品量共七项（见图11-3）。

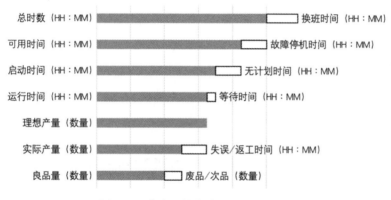

图 11-3　某企业的产线 OEE 统计看板

　　企业需要结合实际情况确定哪些因素最需要改进，需要深入
分析造成该问题的原因。例如，造成失误和返工的最大原因是什
么？是工人技术问题，是操作流程问题，还是设备老化问题？

　　以设备因故障停机为例，可以通过产业互联网平台中的设备
故障记录，借助数据分析能力对每个指标进行具体分析，再用帕
累托分布图的形式获得造成设备停机的主要故障类别，然后安排
专业技术人员彻底解决设备故障问题（见图11-4）。

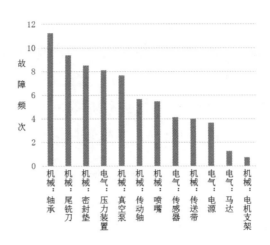

图 11-4　设备故障原因的帕累托分布图

第四节　工作满意度如何影响组织绩效

关于企业内部组织绩效的研究结果表明：员工能感受到组织的支持，比如自己的意见能够获得重视，并及时获得完成工作所需的工具和资源，就能更好地完成工作。

关于工作满意度和组织绩效之间的关系，多年前的"霍桑实验"就给出了初步结论——生产效率主要取决于员工的士气，即员工的信息需要得到满足是提高产量的基础。

1964 年，心理学家和行为科学家维克托·弗鲁姆在《工作与激励》中提出了著名的期望理论。他认为，人们之所以会努力工作，是因为工作可以帮助他们达到某种有价值的结果，而这个结果能满足他们的需要。

行为科学家莱曼·波特和爱德华·劳勒以期望理论为基础提出了"波特—劳勒激励模式"。这种理论认为,个人努力的程度是由工作获得报偿的价值和个人努力后预计获得报偿的概率所决定的,而个人的工作绩效依赖于努力程度。

马里兰大学心理学教授埃德温·洛克在 1968 年提出目标设置理论,他认为目标本身就是一种强有力的激励,是完成工作的最直接动机,实现目标和取得工作绩效不一定能让员工产生满意感,满意感的真正来源与实现目标后获得的报偿直接相关。

上面几种理论表明好的工作绩效能产生某种有价值的结果,这种有价值的结果又反过来影响组织产生高的工作满意度。

一、衡量工作满意度

所谓工作满意度,就是个人在组织内进行工作,对工作本身及有关方面(包括工作环境、工作状态、工作方式、工作压力、工作挑战性、工作中的人际关系等)有良性感受的心理状态。

鉴于工作满意度的上述定义,工作满意度的价值标准可以概括为六项:成功、独立、认同、支持、工作条件和人际关系。

个体对工作的情境体验、情绪反映和情感态度等都是重要的状态变量,而这些都源于个体对工作或工作经历的评价,包括对工作本身、报酬待遇、晋升机会、上级、同事等方面的满意度。

基于工作能否帮助个体实现预期价值、能否满足个体的需要和兴趣，我们可以将工作满意度分为高低不同的水平。当工作与个人需要、兴趣相符，且工作条件、薪资福利、人际合作等令人满意时，就会出现高水平的工作满意度；而当个人需要、兴趣、工作条件、薪资福利、人际合作等任意一项都不符合要求时，个人的工作满意度就会下降。

二、影响工作满意度的因素

影响工作满意度的因素决定着个人的工作满意度，这些因素主要包括以下几个。

（1）物理环境因素。包括工作场所的条件、环境和设施等。

（2）社会因素。包括员工对工作单位管理方面的态度及对单位的认同感和归属程度。

（3）个人心理因素。包括员工对本职工作的看法、态度以及对上司领导风格的认可度等。具体概括为：① 工作的挑战难度和喜欢程度；② 薪酬水平和晋升政策的公平程度；③ 工作环境的良好程度；④ 与上下级和同级之间人际关系的和谐程度；⑤ 是否拥有完成工作所需的工具和资源；⑥ 工作中是否充分利用了自己的技能和能力。

三、提高员工满意度

在企业组织中，管理层必须了解员工的工作满意度信息，数字化企业则可以将大数据嵌入人力资源开发与管理系统中，良性地、深度地监控组织状况。首先，通过员工工作满意度调查了解员工对工作和上级的看法，在现实情况允许的范围内，完善人力资源开发与管理；接着，要充分调动员工工作、学习的积极性，提高员工的工作能力，促进员工的职业发展；然后，要鼓励员工协同合作，一方面提高工作效率，另一方面让他们切身感受到自己对工作的掌控力，提高工作满意度。

此外，还要借助一些工具和模型帮员工建立对工作的满意度。例如，由 Development 和 Operations 组合而成的 DevOps 是一组过程、方法与系统的统称，可以促进开发（应用程序 / 软件工程）、技术运营和质量保障（quality assurance，QA）部门之间的沟通、协作与整合。

DevOps 出现后，软件行业从业人员清晰地认识到：为了按时交付软件产品和服务，开发和运维工作必须紧密合作。因此，DevOps 也可被看作一种重视"软件开发人员（Dev）"和"IT 运维技术人员（Ops）"之间沟通合作的文化、运动或惯例。

良好的 DevOps 实践有助于提高工作满意度，如今 DevOps 早已超出软件行业的范畴，被运用到各类行业企业中。数字化时代，让计算机做比人类更擅长的事情非常必要。因为重复性的工作不需要思考或只需要简单思考，计算机会比人类做得更好。人类可以专注于目前机器不能替代的工作，如权衡证据、思考问题和做出决策。将自己的判断和经验应用于具有挑战性的问题上，并最终赢得挑战是提高工作满意度的核心因素。

第五节　激励机制：共赢共生

从薪酬激励走向股权激励，再过渡到积分激励，企业的激励机制是在不断发展和进步的，未来的机制似乎更好、更先进、更合理。但是，当前的激励机制存在与时代发展不相符的局限性——时代的脚步已经进入数字化之门，激励的脚步还停留在数字化的门外。

当下，激励的局限性主要表现在对人的态度上、行业的不公平上和利益的冲突上。

（1）对人性充满怀疑。人类天然对其他人持有怀疑态度，尤其是在涉及利益关系时。几乎所有的企业老板都希望员工能发挥最大的热情并积极主动为企业创造最大的效益，但当员工自身利益与企业发展产生冲突时，又希望员工能降低需求。这种不对等基因从企业诞生的那一刻起就出现了，且员工因为没有话语权而始终无力抗争和修正。但是员工也有自己的"小算盘"，当企业的利益与自身的利益产生冲突时，员工会想尽办法优先保护自己的利益。这种现象的产生归根于对人性的不信任，大家都不相信别人可以无私奉献而不夹带"私活"。其实，对人性的审视完全没必要落在"无私奉献"上，因为可能没人能做到。企业和员工之间只有做到一分付出一分收获才是公平的。

（2）行业内部普遍不公平。如果现有的激励制度无法确保优秀上进的员工都能获得应有的报酬和激励，就会体现出不公平，而内部不公平最能影响员工的积极性。例如，个人即使入职了像华为这样的超级企业，并为企业兢兢业业奋斗了 20 年，也无法与那些刚毕业就获得"天才少年计划"最高档工资年薪的员工相提并论。原因不在于谁获得了"天才少年计划"的薪酬资格，而在于"一次奖励，终身受益"的绝对性。一时"天才"不代表一世"天才"，当下领先不代表永远领先。

（3）股东利益大于其他利益。当组织利益与股东利益发生冲突时，多数情况下组织利益需要让位于股东利益，这是由极度狭隘的股东决策圈导致的。股东具有参与经营权，重要股东具有决策权，自然会优先考虑维护自身利益，而损失部分组织利益。

企业要想发展，就要主动打破这些局限性。有些优秀的企业家一直在探索多样化的激励方式，尤其在数字时代的大背景下，技术突飞猛进，一些原本处于想象阶段的经营模式也变成了可能。

一、"用户资本主义"

2016 年 1 月 20 日，JavaScrip 语言发明者布兰登·艾奇发布了 Brave 网页浏览器，并宣布该浏览器的所有权属于每个用户。

布兰登·艾奇通过数字化积分的方式，加深了用户的参与度和认可度。如同"众筹"一样，用户只要先支付一定的金钱或比特币，将一部分用来激励使用浏览器的用户，一部分用于招募硅谷最优秀的工程师，一部分放到"基金会"中备用，获利后再以虚拟积分的方式回馈给之前投资的所有用户，就能形成良性的企业发展链条。

Brave 网页浏览器的广告收益并不会只支付给平台，也会按一定规则同步奖励给用户，因为看广告的用户都是广告价值的创造者。道理很简单，广告就是给人看的，只有让用户看到广告，广告才能实现其价值，从这个角度说，是用户赋予了广告的价值。这就是"用户资本主义"——用户是股东，也是内容创始人，还是产品推广者。用户所有的身份相叠加，就可以最大化实现用户价值。

2017 年 5 月 31 日，布兰登·艾奇将改进的去中心化网页浏览器 Brave 再次上线，仅用了短短 30 秒，就完成了 3500 万美元的 ICO（initial coin offering，首次币发行）发售，调动了上万名用户参与。其实，Brave 运行至今都没有专职员工监控管理，却激励着千千万万的人为之努力，这是数字化组织激励才会有的盛况。只要人们想参与组织与社群，并对所处组织和社群有所贡献，就可以获得相对公平的回报。回报的方式不再是简单的金钱形式的工资，还包含一些可给予范围内的组织或社群权益与情感价值。

二、自金融范式

李斌是蔚来汽车的创始人，他将数字化引入企业社群"蔚来车友会"，重新定义了车友会的功能。蔚来车友会通过"蔚来积分"

和"蔚来值"记录用户对蔚来社区所做的贡献，用户可以通过产品购买、用户发展、效率提升和社区推广等方式获得积分奖励和事件投票权。

李斌拿出 33% 的自有股权成立了用户信托基金，其收益的分配权由全体用户决定，即不同等级的用户按照持有积分的多少进行投票，一起决定资金的用途。例如，车友会全体成员投票同意将 5 亿美元现金直接分发奖励；再如，车友会全体成员投票同意拿出 10 亿美元购买汽车赠予社群内成员……只要是社群通过的事情，就会得到施行，决定权完全掌握在用户手中。

蔚来汽车的激励机制的实现基础是通证经济。通证是一种以数字形式存在的权益凭证，具有加密、可流通等特质，其真实性、防篡改性和隐私性都受到密码学保护。从理论上讲，蔚来的线上或线下资产都可以通证的形式在区块链上存储为"数字资产"。

所谓通证经济，就是让个体与组织基于自己的劳动力和生产力发生通证，形成自金融范式，利用区块链等系统，让生产要素进入流通环节，利用自由市场让资源配置更加精细合理，调动用户的参与动力，形成自组织形态，将数字管理发挥到极致。

无论是布兰登·艾奇的"用户资本主义"，还是蔚来汽车的自金融范式，其实质都是通过数字化的激励措施来变革组织形态，构建可以自循环的生态系统，实现自愈、自驱与自循环，无限延展和加入，这是一种高级的工作和协作的组织形式。

第十二章　数字化创业的财务共享

在数字化创业过程中，要想降低组织内的行政成本，就需要一套自动化和透明化的数字流程管理。财务管理也是如此。所谓财务共享，就是依托数字化企业的信息技术，以财务业务流程处理为基础，以优化组织结构、提升流程效率、降低运营成本等为目的，从市场角度为内外部用户提供专业化的财务服务。这是一种分布式的管理模式，主要通过数据可视化方式，利用大数据分析等工具，对公司财务数据进行可视化展示，助力管理层制定更明智的决策。当然，为了确保财务安全，在使用云端存储数据时，不仅要选用业界认可的安全服务商，还要采取多种防护措施，避免数据的泄漏和损坏。

第一节　智能财务共享平台

财务共享平台也叫财务共享服务中心。企业只要建立和运行财务共享平台，财务组织和财务流程就能得以再造，使简单的、易于流程化和标准化的财务工作，包括核算、支付、费用管控等，集中到统一的信息平台上。

数字化企业必须建立完备的智能财务共享平台，对财务工作进行数控式的集中化处理，彻底打破传统财务模式下的三大局限。

（1）财务流程和交易分离，为了尽力保障资金被正确使用，只能增加事前申请环节和事中监管环节，于是就会出现大量冗余的流程环节。

（2）财务处理在时间上滞后于业务活动，财务信息就无法及时反映环境变化，更无法满足实施决策的需求。

（3）财务记账以发票内容为主体，而发票无法反映业务的本质，财务数据与业务实质脱离，导致财务信息片面、失真，无法满足企业业务管理需求。

建立财务共享平台后能否立即解决上述问题呢？财务共享平台能够被当作组织变革和财务转型的必然工具吗？

其实，很多企业的财务共享平台在实际应用中难以达到预期成效。例如，虽然有专人集中处理各种单据，但比以往更乱，为了拨乱反正只能增加人员，相关成本不减反增。再如，建立财务共享平台之前，不能及时出具财务报表；建立财务共享平台后，这个问题依然存在，甚至更严重。总之，企业认为财务共享平台并没有传说中的那么玄乎，稀里糊涂地开始，最终又稀里糊涂地放弃。

要想让财务共享平台对企业的规划、决策、控制及价值创造能起到极大作用，企业需要建立业财税深度一体化的智能财务共享平台。一定要注意，"业财税"一体化和"智能"，其本质是基于新一代的信息技术，可以实现更广泛的业务（从记账、算账到报账、采购、税务等）的数字化，并对企业的财税体系、业务流程和商业模式进行全面颠覆与升级。

业财税深度一体化的智能财务共享平台包括传统财务模式的

所有模块和一系列运营支撑体系，同时将共享从传统财务会计的记账、算账领域向业务端延伸，智能技术引擎作为技术支撑贯穿整个流程（见图 12-1）。

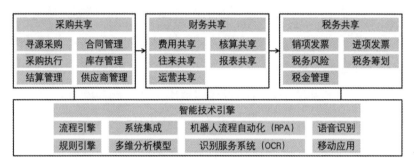

图 12-1　业财税深度一体化的智能财务共享平台

业财税深度一体化的智能财务共享平台有一个最大优势，即拥有智能技术支撑，可借助相应的已经成熟和正在成熟的人工智能技术，在未来实现财务流程的自动化、财务处理的数字化和财务数据的资产化。

随着人工智能的深度发展，机器学习、嵌入式分析、数字助手、图像识别等智能化技术纷纷落地共享平台，整个系统将越来越智能，可以实现"看""听""思""学"四项功能。

（1）平台会"细看"。对一张发票进行 OCR 扫描时，系统可实现两项基本功能：① 将票据上财务人员关注的信息导入台账，并进行逐一验证；② 将票据上的结构化信息提取出来，完成智能填单。

（2）平台会"常听"。管理层通过语音输入指令，系统接受语音后将其转换为计算机语言并反馈管理层的要求。

（3）平台会"深思"。系统通过移动化的方式实时对票据信息进行"健康体检"，及时发现异常情况，逐层追溯直至找到问题根源。

（4）平台会"广学"。基于知识图谱的智能财务规则引擎能帮助系统快速创建规则，并保存与推广这一规则。

第二节　财务数字化推动企业管理升级

随着智能财务共享平台的建立，日常财务管理变得更加自动化、智能化，甚至无人化，财务管理工作的重心也从低价值的重复工作转移到以管理会计为核心的、高附加值的决策分析上来。融合最新数字化技术的智能财务系统不仅使传统财务模式彻底升级优化，还建立了新一代数字化企业的管理体系架构。

传统企业的数字化转型离不开智能财务共享平台的建立，创新数字化企业的经营管理同样离不开智能财务共享平台。通常情况下，该平台主要由最高财务负责人和财务部门主导建设，企业数字化建设或转型更依赖于信息化专家和技术部门的支持，主导者是技术部门。一个抓财务数字化建设，一个抓企业整体数字化建设，两项工作看似分工明确，实则有着紧密的内在联系。

数字技术推动了财务的转型与优化升级，也包括智能财务共享平台智能的转型与优化升级；而智能财务共享服务平台的建设与优化升级，不仅是企业数字化转型或建设的具体内容之一，也是推动企业数字化转型或建设走向全面深入阶段的重要基础。数字化财务的建设与优化升级跟企业数字化转型与建设的节奏和谐共存，二者相互支撑，相互推动。

当然，不管是转型，还是升级，都需要变革，也需要和过去告别，如此一来，就需要打破既有利益格局，更要遭受企业内外部的联合质疑与挑战，这是一个客观规律，也是企业发展的必然经历。但是，随着数字时代市场环境的变化，企业必须要走上转型之路，因此新创企业在诞生之初就要种下数字化的基因，将数字化当作企业发展的根本，甚至是企业转型或经营的工具。简言之，企业数字化转型或建设需要与企业战略、禀赋条件、经营模式和支持能力相匹配。

通常情况下，企业实现数字化转型或数字化建设有三个大的并进方向。

（1）产品数字化。利用数字化技术提升产品研发水平，包括研发过程，以及对产品进行数字化和人工智能的改造。

（2）智能制造。使用数控机床和物联网技术对设备进行升级、对产线实施改造，实现 M2M（设备互联），采集设备数据和生产线数据，然后进行考察分析。

（3）管理数字化。通过 ERP、CRM 和 MES 等对企业进行管理流程的数字化升级，包括与产品数据、设备数据和生产线数据的连接与整合。

总之，智能财务共享平台是企业数字化转型或建设的重要组成部分。随着数字化技术的深入应用，以及其与业务、税务系统的深度融合，未来的财务管理必将更加智能化，管理系统的功能也必将更加全面。可以预见，未来的智能财务管理系统不仅是数字化企业的财务中心，还将成为数字化企业的业务中心和数据中心。

第三节　从年度预算到滚动预测

预算是企业经营管理的核心工具之一。企业必须进行预算，但关键问题是如何进行预算，最常见、也最容易的年度预算对企业经营究竟有多少作用呢？

受企业财务报告编制周期的影响，预算管理自诞生以来，其核心就是定长的年度预算。预算考核周期与会计年度保持一致，可以确定年度目标并分解落实到各责任主体。但这种预算管理也存在一定的缺陷，且随着数字经济时代的到来，这种缺陷还被逐渐放大。

（1）预算与业务经营相脱节。年度预算以一年为周期，强调特定预算期内预算的刚性，而环境、运营和资源等需要面对众多不确定性因素，期初的预算与已经发生变动的经营事实之间存在一定的差距，预算数据无法做到具体和准确。

（2）预算带来部门博弈。预算编制时下一年度的各项经营还未实际开展，而预算数额又直接与各部门利益挂钩，做年度预算时各部门更多地估计自身利益，容易引发在部门间的博弈，使预算失真。

虽然年度预算管理的准确性和细致性都在随着预算管理的发展而提升，但其周期固化的本质不可改变，且市场环境日益复杂多变的趋势不可改变，年度预算的这些缺陷自然就无法根除。

2010年，通力电梯公司为了更好地把握市场的变化，总部要求各地供应线的预算方式全部改为滚动预测，具体方式为"月度＋季度"的混合滚动预测。

滚动预测的主要依据是市场变动的需求量，按照"近细远粗"的原则，根据上一期的预算指标完成情况调整下一期预算，并将预算期连续滚动向前推移。按照滚动的时间单位不同，可分为逐月滚动预测、逐季滚动预测和月度加季度的混合滚动预测。

一线人员每天不仅要统计电梯和扶梯的订单量，还要分析影响订单量变化的因素，有效预测订单量。同时，他们还要将预测的订单量数据细化到每个区域，反馈给供给线。之后，供给线就能根据一线人员所提供的这些数据为依据，对电梯和扶梯的生产数量做出精准预测。此外，产品价格调整、原材料价格变动、生产效率、员工薪酬比例调整、企业总部分摊给供给线的成本、外币汇率波动等影响因素也被纳入预算更新的假设条件中。

滚动预测之所以能有力地指导全公司产业线的运营，得益于滚动预测的成功应用，使通力电梯公司的预算价值大幅提升。

　　滚动预测的动态性和技术性的特点，能有效解决传统年度预测的弊端。在预算实施过程中，动态性也能得到不断修正和调整，使其更符合实际情况；技术性则可以有效减弱人为因素的负面影响，最大限度地降低部门博弈成本。

　　但滚动预测需要在上下级之间、部门与部门之间进行若干次衔接，数据也会随时进行更新与调整，这样就对资源和人力提出极高要求，要想达到预期效果，就需要运用科学的方法进行引导。

　　本书推荐"T+3滚动预测方案"。这是一个基于企业业务计划（订单计划、销售计划）和业务预测（订单预测、销售预测）建立的预测逻辑和预测模型。

　　"T+3滚动预测"就是"上月实际数 + 后3个月精准滚动预测 + 剩余期间粗略滚动预测"，其依照"近期把握大，远期把握小"的规律（见图12-2），形成涵盖损益表和现金流量表的滚动财务预测结果，从而给企业管理层和业务部门提供充分的决策支持和业务指导。

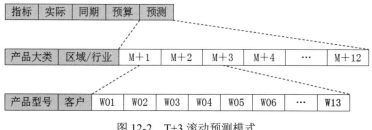

图 12-2　T+3 滚动预测模式

其中，M 代表月，W 代表周。

如图 12-2 所示，年度预算侧重全年目标的制订与分解，月度滚动预测强调业务、资源配置和指导运营。

在企业运营层面，各责任主体通过滚动预测系统及时反映市场波动的影响和实际经营数据，通过有效运营达成预算目标，这就是数字化企业预算体系的标准架构。

第四节　从战略性预算到场景化预算

数字经济时代，预算的业务化趋势越来越清晰，周期更短、投入更少、见效更快的预测方式更受欢迎。主要原因在于，市场变化愈发激烈和不可测定，企业级全面预算管理数据的准确性逐渐降低，且企业级预算是站在企业全局考虑，而企业的组织架构和业务活动则具有复杂性，企业级预算无法跟各部门或业务的个性特点结合起来，选择不同情境下的不同预测模型及影响因素，根本就不能对具体的业务经营活动形成有效指导。可见，随着时代的发展，企业级预算已经从强调全面的战略性向强调精细的场景化发展。

场景是由人物、时间、地点、目的和事件构成的具体画面，场景化预算就是对企业生产经营的具体场景给出的预测。

企业经营是由多个具体的人、多项具体的工作、多件具体的事情和多个具体的场景串联叠加而成的。企业管理离不开实际场景的运用，理解场景是发现问题、解决问题的前提。用提前预算将所有场景串联起来，以数据为反馈依据进行预测，是直接管控业务进程、提升运营效益的有效路径。因此，场景化预算的具体定义是：场景化预算将预测嵌入企业的具体业务场景中，以数据为反馈依据，串联企业的不同业务场景，为企业提供及时、可靠的预测和决策分析信息。

场景化预算能减小预算颗粒度，体现了管理的精细化。传统的企业级预算往往更强调预测数据的全面性，数据颗粒度较粗，缺乏对企业经营的精细化指导。场景化预算却可以将预测深入企业最基础的细分业务环节中，基于不同的业务场景设置模型、开展预测，并将预测数据反馈于对该场景业务的运营和决策，提升了预测的精细度和准确性。

随着大数据、5G、人工智能、敏捷 BI（business intelligence，商务智能）等数字化技术的迅猛发展，更为精准的场景化预算有了实现的可能。借助新技术，企业就能将自动化、信息化、智能化与数据可视化技术结合起来，融合打通各类数据，提升整体数据价值。企业完全可以利用算法和规则引擎处理数据、构建模型，利用量化模型模拟和还原特定业务场景的业务流程，利用传感器和云计算进行实时计算和数据的可视化呈现，利用具体的业务经营情况进行前瞻性的预测和分析，降低场景化预算的难度，提升场景化预算的精准度。

综上所述，场景化预算可以将预算直接下沉至具体的工作场景中，让预算与具体业务接轨，从根本上弥合业务与财务的鸿沟。数字时代，预算管理从企业级细分到部门级，从全面化走向场景化，已经成为必然趋势。

第五节　数字化成本管理

数字时代，企业生产模式向智能制造方向发展，给成本管理模式带来了新的挑战，主要表现在两个方面：第一，个性化用户需求的兴起带动了个性化定制模式的发展，改变了生产方式，对成本控制和产品定价提出了更高的要求；第二，出于对绿色、创新、零污染的追求，企业加大在生产设备、技术研发、控制系统上的投入，使成本结构、管理对象和成本环境等发生了变化。

一、个性化成本核算

在个性化、定制化制造模式兴起之前，企业对成本管理的常见方法是提高规模化复制能力，进行大批量的产品生产，通过规模经济降低单位制造成本，摊薄研发及管理费用。

在个性化、定制化制造模式兴起之后，这种成本控制方式受到了根本性冲击，企业的生产方式不再是大规模、多批量的，而是定制化、小批量的，不再使用规模效应，企业成本开始显著上升。

最显著的例子就是网络销售平台上的商家所推出的定制服务。只要用户将要求讲明白，商家就能按照这些要求做出独一无二的产品。用户提出具体要求后，如面积、体积、形状、用料、时间等，商家就要进行具体的报价核算，既要确保自己有利可图，又不能给用户留下"宰客"的嫌疑，最终商家会根据自己的定价规则确定报价，而他们的定价规则就是以具体的成本核算为依据的。

企业产品往往更加倾向于满足用户的个性需要，尤其是数字化企业，它们与用户的距离更近，对用户的需求响应更快，因此这类企业要想进行订单盈利分析和决策，就要具备个性化的标准成本测算能力，准确核算单件、单批次产品成本，并进行成本归集和分摊。

二、成本结构的改变

随着企业经营环境的改变和先进生产技术的应用，企业的成本结构已经发生了根本性变化。在产品总成本中，直接人工成本的比例逐渐下降，固定制造费用所占比例逐渐上升。一项相关研究资料表明，多数企业的间接费用占直接人工成本的 400% ～ 500%，以往直接人工成本占产品总成本的 40% ～ 50%，如今则不到产品总成本的 10%，个别领域甚至已经下降到 3% ～ 5%。

企业在自动化生产设备、技术研发、知识人才储备等方面加大投入，更加剧了这种变化趋势。在这种情况下，企业不宜再采用大批量生产条件下的产品成本的计算和控制的方法，也不宜再用产品成本中占有比例越来越小的直接人工去分配占有比例越来越大的制造费用（分配越来越多的与工时不相关的作业费用），更不能忽略批量不同产品实际消耗的差异，因为这些"不宜"和"不能"将导致产品成本信息严重失真。

因此，传统的"数量基础成本计算"已不能正确反映产品的消耗，不能为企业决策和控制提供正确、及时、关键的会计信息。在智能制造的大环境下，企业必须对成本管理理念进行革新，建立一种全新的成本分摊逻辑，对成本进行分摊和归集。

三、作业成本法

作业成本法的核心理念是：追踪成本动因，找出导致成本发生的真正原因，确定其责任归属，消除不会增加价值的作业，达到优化成本的目的。该法适用于作业类型多、作业链条长、产品和生产过程多样化程度较高、间接或辅助资源费用占比较大的企业。

作业成本法可深入分析成本形成的过程，反映作业消耗资源的效率，对企业所有作业活动进行追踪并动态反映，进行成本链分析，准确分配高额投入的设备投资、研发成本和人工成本等。也就是说，作业成本法遵循"作业耗用资源，产品耗用作业"的原则，谁耗用谁分摊，多用多摊，少用少摊，不用不摊，避免平均分配导致成本扭曲，使成本核算的结果更加精细、准确。

一个成熟的作业成本管理系统通常具备数据采集、成本计算、成本分析、成本预测等功能。企业在运用作业成本法时，可采用如下程序。

（1）梳理作业中心。按照作业链层层分解，根据成本动因划分，形成逐级作业中心，并汇总分析。

（2）明确作业资源消耗及动因。根据每项作业的划分，确定各项作业中消耗的人力、物力、财力等资源，然后分析每项资源的消耗动因。

（3）建立模型与成本数据验证。根据消耗动因确定成本测算依据，搭建定额模型。将搜集的企业数据放入模型，快速计算出定额数据（需考虑上一年度的历史信息、外部标杆及自身管理需求）。

总之，如今成本管理的重心已经向前延伸至设计研发环节，向后扩展到服务环节，构建从研发设计到制造再到服务的产品全周期成本管理体系成为数字化企业的必修课。

第十三章　数字化创业的AI构建

在建立企业级人工智能的过程中，数字化创业者应把握这样几个核心内涵：创新思想、专业团队、高质数据、透明决策和包容的企业文化。企业级人工智能的成功驱动离不开科技与战略意识的融合，只有具备长远视角和灵活的创新力，才能将原有业务的智能匹配与 AI 解决方案结合起来，构建数字化转型的良性发展循环。

第一节　制定 AI 技术策略

在数字化创业企业中，要想优化业务流程和效率，首先要确定哪些业务可以通过引入人工智能的方式实现智能化升级。例如，客户服务、财务管理、生产制造、营销推广等环节都可以使用人工智能技术提高处理速度和准确率，降低成本。

明确目的，明确场景，定向采集真实数据，即时校准，这是培养企业级人工智能的前提。2017 年，数字化领域进行过一项关于"人工智能与现有系统和业务流程的集成"的著名调查。这是一个复选项，被调查者可以同时选择多个答案（见图 13-1）。

人工智能是企业经营发展的必然选择，也是企业面临的巨大挑战，在实施过程中，企业会面临很多障碍。其中"AI 基础设施"会被更频繁地提及。它指出了一个事实：AI 硬件和软件不一定会跟企业现有技术结合，使用独立的技术开发 AI 模型并部署到现有系统中时更是如此。如果某类 AI 应用程序（特别是深度学习）在图形

处理单元（graphics processing unit，GPU）上运行得不充分，GPU
又不被用于商业应用程序，企业就很难将其整合到硬件基础架构中。

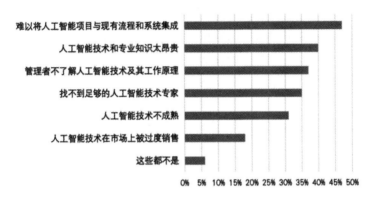

图 13-1　2017 年德勤的"了解认知"调查第一项

　　为了顺应时代发展并增强竞争优势，有些企业已经开始运用
人工智能。但是，对于初创企业来说，在采用人工智能之前，首
先要制定正确的人工智能策略，以确保工作流程和员工到位。如
今，多数企业仍处在对人工智能缺乏深入了解的阶段，CIO（chief
information officer，首席信息官）、COO（chief operating officer，
首席运营官）和其他管理者发现，创建一个上下相关、易于调整
的人工智能战略极具挑战性，如果实施不好，很可能破坏现有的
业务线。企业应抓住人工智能的时代机遇，努力提高生产力，完
成业务升级，同时还要防止人工智能在实施过程中脱轨，因此数
字化企业领导者要想了解业务环境中的数据和技术协作，就要制
定 AI 技术策略，遵循一些方法。

制定 AI 技术策略的方法主要有以下几种。

（1）以数据为中心的方法。使用有效、高质量、高度可用的数据，可以为人工智能的展示提供机会。企业领导者要制定好的数据治理策略，对收集到的数据进行分析，然后选择性地加以运用。该方法关注的是数据，而不是技术。

（2）以技术为中心的方法。在不需要高质量数据的企业中，识别人工智能机会。例如，医疗保健行业要想使用以技术为中心的方法识别医学扫描图像中的癌细胞，只要收集一些训练人工智能系统的数据就足够了。

（3）以数据为中心和以技术为中心的组合方法，即将前面两种方法联合起来。企业完全可以根据实际需要酌情选用。例如，如果企业已经收集了足够的有效数据，也为特定的人工智能应用制定了良好的数据管理策略，就可以遵循以数据为中心的方法，并对员工进行相应培训。如果企业缺乏特定人工智能应用的高质量数据，就要开发以技术为中心的方法，利用外部可用的工具和技术，将原始数据和非结构化数据细化为有意义的数据集。因此，借助正确的基础设施、人才和实施方法，企业完全可以创建有效的人工智能战略。

第二节　AI 公平性与算法偏差

人工智能技术的关键是数据，在建设人工智能系统之前，企业必须先积累大量的数据。而为了获得高效而稳定的数据支持，企业需要建立一个结构合理、标准统一的数据平台，规范数据收集、存储、整合和使用的流程。

事实上，即使人工智能系统再好，也需要人进行校准。例如，设计客服机器人的时候，需要经验丰富的客服人员为客服机器人建立语料库并进行校准。从这个意义上说，这是一个将服务经验灌输给人工智能的过程。

技术人员要将技术语料库提供给人工智能系统，"喂养"人工智能的自动化服务能力。未来，很多从事数字化业务的员工都将是企业级人工智能的驯养者。

人工智能出现后，企业可以将原本用人做的事彻底交给机器，并让机器不断学习，在更多领域替代人们做事。但需要注意一个问题——算法偏差，有些机器学习算法的结果只能让某些群体处于不利地位。但这也不能怪机器，因为机器是由人类创造的，机器有自主学习能力，而人类本身就带有偏见。虽然人们在极力地避免偏见存在，但算法偏差依然实实在在存在，算法创造者及企业有义务努力阻止此类问题的出现，并及时纠正问题。

AI算法偏差最常被引用的例子是用于刑事案件量刑建议的COMPAS（correctional offender management profiling for alternative sanctions，替代性制裁的惩罚性罪犯管理分析）系统。该系统通过数据训练开发了一个评分机制，然后将这个评价机制应用到新的数据中，可以预测罪犯再次犯罪的可能性，是法官建议量刑时的重要参考因素。

　　该系统已被证明存在算法偏差，即黑人被告再次犯罪的风险预测高于实际情况，而白人被告再次犯罪的风险预测低于实际情况。如今，为了做进一步的研究，舆论要求开发 COMPAS 系统的 Northpointe 公司公布算法，但考虑到竞争因素，Northpointe 公司拒绝了这一要求，因此被告及其律师、法官和司法程序观察员，以及社会其他领域的研究者都无法充分评估 COMPAS 的量刑基础。

　　缺乏透明度是一个跟算法偏差有关的问题。算法偏差的问题迟迟得不到解决，自然就无法实现透明度。但是，并非所有算法都不可透明，一些特殊领域的算法必须公开。例如，"公共安全评估"使用的九个因素和权重完全公开可用，该私人基金会还会委托第三方对评估的影响进行研究。

　　这些现实表明，用于公共决策目的的算法和人工智能程序都不适合私人部门开发和营销，因为考虑到公平性，必须公开算法，而营利性企业似乎并不愿意这样做，因此从事此类工作的私营企业很可能会引发争议。即使是非公共决策目的的算法和人工智能程序，也会存在偏差，如企业对应聘者的评估和聘用。长期以来招聘都被看作是带有偏见的一件事，面试官会不自觉地寻找与自己相似的候选人。虽然借用算法给求职者打分好像更公平一些，但因为算法是由人开发的，所以偏见同样存在。因此，只有消除招聘过程中的偏见，才能从根本上解决算法偏差问题。

　　Pyemetrice 是一家初创公司，其利用游戏中的表现将应聘者与高绩效者的行政管理属性进行匹配，在 AI 应用程序中充分考虑了如性别、年龄、肤色、学历等易造成偏见的因素后，就会为潜在录用者的游戏表现进行评分。这就告诉我们，如今许多企业都在积极寻找非歧视性的招聘方法，也期望从不断改进的 AI 算法上获益。

人们的决策很容易带有偏见，机器学习却能为决策提供一种更加客观和数据驱动的方法。机器学习程序运行良好，就能改善人类决策的过程和结果。

这里，我们就以图例的形式将企业应该采取的避免算法偏差的方法呈现出来（见图 13-2）。

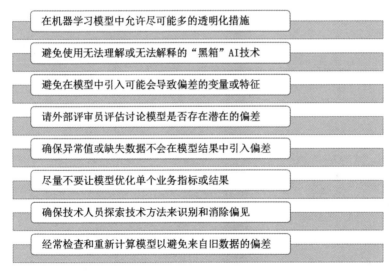

图 13-2 避免算法偏差的方法

未来，数字化企业会雇用大量的内部外部员工进行算法校准，消除语言沟通和文化的障碍，通过理解法律和地区文化的差异，更好地规范人工智能自身的服务行为，打造更好的服务界面。而这样的工作，在全球跨文化领域早就已经开始了。

第三节　AI 的透明度和可解释性

现在，通用智能大模型训练的数据模块已经达到了万亿级别，且仍在高速发展，这就给数字化创业企业带来了新的机遇。通用语言技能的突飞猛进完全可以和企业级的人工智能进行战略融合。事实上，GPT（generative pre-trained transformer，生成式预训练转换模型）系统已经开放了接口。

开放 API 接口的出现，为企业级 AI 技术应用带来了极大的便利。为了满足不同类型的客户需求、增强用户体验，数字化创业企业应该将 AI 服务和 API 结合起来，甚至将 AI 技术销售给其他企业或开发者，形成产品链条，带给客户更好的体验。

随着缺乏透明度的程序越来越广泛地应用，比如深度学习神经网络等，我们几乎不可能知道 AI 模型中的特征或变量意味着什么，它们对结果有什么影响，以及模型是如何产生结果的。一个 AI 模型中可能有数百万、数千万个变量，我们根本就无法区别哪些变量对人类观察事物有意义、哪些变量对人类观察事物无意义，即使可以找出那些对我们观察事物有意义的变量，也无法知道变量是如何通过算法工作的。

在用浏览器搜索时，你是否出现过这样的疑问：浏览器是如何帮我们找到要找的东西的？例如，搜索德国牧羊犬的图片时，就会出现浩如烟海的以德牧为主的犬图片，我们既不能查看浏览器用来识别互联网上犬图片的深度学习算法，也找不到浏览器识别犬图片的变量，根本不知道浏览器是如何识别各种犬的。

或许你会说：我不需要知道浏览器是怎么知道的，它只要帮我找到我想要的东西就可以了。不可否认，许多事情确实不需要知道算法是如何进行预测和分类的，就像数字营销领域，一个广告客户只能为每个广告位置支付很少的费用，至于算法如何决定哪个潜在用户能收到推广信息就不重要了，只要具体的量达标即可，即总体结果很重要，但实现过程不重要。

但有些情况我们必须知道如何决定算法，最典型的就是金融服务业。如果某银行的 AI 算法预测到你可能无法还款而取消你的抵押贷款，你一定会要求对方解释；如果某信托机构的 AI 算法认为你的资产存在问题而拒绝服务，你也会想知道原因。银行和其他金融机构通常会避免不透明的算法，部分原因是监管机构不会批准不透明的算法，另一部分原因就是需要向用户做出正面的解释。

Equifax 公司全球分析高级副总裁彼得·梅纳德曾质疑复杂的神经网络信用评分算法不能透明化：“我的团队决定挑战这一点，并找到一种可以让神经网络解释的方法。我们开发了一个数学证明，显示我们可以产生一个神经网络解决方案，它对监管目的来说是可以完全解释的。每一个输入都可以映射到神经网络的隐藏层，而我们强加了一组准则使我们能够解释进入最终模型的属性。我们把'黑匣子'拆开，这样就能得到一个可解释的结果。"

考虑到透明度是否重要的差异，彼得·梅纳德建议企业根据所需透明度对其 AI 项目和应用程序进行分类。如果某些透明度被认为是必要的，那么企业将需要使用相对不复杂的工具和方法。

2017 年，丹麦的丹斯克银行开发并部署了实时评分方法（机器学习模型）预测欺诈的可能性，不得不向用户解释为什么他们的交易会因为可能的欺诈而被拒绝。这些解释对于建立用户信任和遵从 GDPR（*General Data Protection Regulation*，《通用数据保护条例》）都是必要的。GDPR 中一个方面涉及"解释权"，即受计算机决策影响的个人有权知道决策的原因和方式。

为了识别建立分数时最重要的特征和变量，丹斯克银行采用了一种被称为 LIME（local interpretable model–agnostic explanations，局部可理解的与模型无关的解释）的方法，例如，某客户的一笔回款因为涉嫌欺诈而被拒绝，如果该客户明确要求解释，银行需向客户说明具体原因以及原因是如何得出的。

可见，根据监管的明确要求，企业应密切关注可能会影响透明度需求的监管和用户感知方面的发展。

人工智能不能用来造假和作恶，这是创业者必须遵循的原则。

第四节　柔性化生产与制造

为了使公司建立的机器智能模型更加准确和有效，数字化企业需要招聘经验丰富且熟悉人工智能开发技术的专家人才，如深度学习、自动化机器学习、自然语言处理（natural language processing，NLP）等领域的专家。这样，企业就能将生产经验沉入软件系统，建立智能化管理系统。

基于人工智能技术的智能管理系统不仅可以定制灵活的生产计划，还能与客户需求实时同步调整生产进度；也可以根据成本构成的变化，动态优化生产数量计划；等等。这些都是现代化制造与柔性化制造体系的核心要素。

通过流水线生产出来的只是标准产品，好处是节省资源，缺点是灵活度非常差。因此，当生产线实现全自动化后，柔性也会随之丧失。流水线通常要依靠大量机器设备完成生产（即硬件投资加大），一旦市场出现了新的需求、产品种类发生了新的变化，企业要想更换硬件，就要支付极高的成本。数字时代创新速度不断递增，这种"刚性自动化"越来越难以适应产品生命周期不断缩短的趋势，因此生产什么比如何生产显得更加重要。

在市场需求快速变化的今天，企业最重要的一项能力是快速响应市场，包括产品创新能力、快速交货能力和连续补货能力等。

国务院参事汤敏教授认为："未来中国，以大批量生产、低成本取胜的劳动密集型产业外迁到东南亚势不可当，中国唯一可以留下的就是小批量、定制化的柔性制造产能。"

柔性化生产是指在品质、交期和成本保持一致的条件下，可以在大批量生产和小批量生产之间任意切换生产线。

柔性化生产有别于传统的大规模量化生产，柔性给了用户自主选择权，企业完全可以根据用户的实际需求定制生产。

柔性化生产的具体应用过程是：先利用各类传感器、机器视觉、测量设备等采集数据，然后对采集到的数据进行实时处理，再根据处理结果制定生产决策，最后交由工业机器人、数控机床等智能化生产设备去执行。

柔性化生产的"柔性"主要体现在机器、工艺、产能、产品、运行、维护、扩展七个方面。

（1）机器柔性。指快速响应不同类型产品或定制产品的生产要求，在生产过程中非标终端设备可以快速更换，非标控制程序可以自动下载。

（2）工艺柔性。指在生产流程不变的情况下，可以更快地适应产品或原材料的变化。例如，生产机器人的智能夹爪可以快速适应不同品类、规格、材质生产件的抓取要求。

（3）产能柔性。生产能力柔性，指能够找到一种最经济的方式应对突然改变的产量。例如，订单量发生改变，相应的循环流转工位、预留工位、缓存工位、备料等也会自动做出相应调整。

（4）产品柔性。指快速组织产品生产线以满足新产品的生产需求，且重新组织后的生产线仍保持着对原产品可用特性的集成能力与兼容能力。

（5）运行柔性。指组织不同的材料、工艺、设备生产同一类产品或同系列产品，即使调整工序依然能保证生产质量与效率。

（6）维护柔性。指采用多种方式对生产设备进行预测性维护和易发故障的排查，保证生产线正常生产。

（7）扩展柔性。指根据不断增长的生产需求拓展产线能力或者根据工艺流量增加生产工位。

柔性化生产制造可以与企业资源计划、制造执行系统和仓储物流管理系统等结合在一起，对用户需求、产品信息、设备信息、生产计划等进行实时分析，对生产方案进行适时调整，以达到生产效能的最佳匹配。

智能管理系统并非空穴来风，而是企业中员工知识和经验的集成，甚至是全球垂类产业知识的集成系统。企业只要搭建了高质量的智能管理系统，也就具有了跨越企业的系统服务能力，而这也是创业者追求的技术内核。

每个行业都不同之处，技术团队需要创造自家企业的机器视觉技术，借助人工智能，开发深度学习算法或使用实时数据分析等方法进行精准质量检测，有效降低生产过程中的损耗，使企业在没有增加费用的基础上提高质量品控标准。而精准的过程控制，则是自动化柔性生产的技术前提。

对外，智能管理系统可以进行系统的供应链管理。比如，为用户定制一台车，当用户订单进入系统后，系统就会立即向供应链下单，定时定点，基于 RFID（radio frequency identification，射频识别）的生产管理可以追踪每一个零部件的状态，为实现一款定制化的产品制造过程提供可靠的技术保障。

企业级人工智能技术的积极应用可以有效推动制造业、柔性产品和服务的实现。而它们也是企业发展的核心战略能量，可以让制造商在激烈的竞争中同时实现更高的质量、更高的生产效率，成为"智造"模型的典型样例。

第五节　能耗预测与低碳减排

对于数字化创业者来说，低碳创业是企业合法性的一种表现。企业的能源管理系统是一个独立的智能体系，只要降低能源消耗，就能降低运营成本，能源管理也就成了热门方向。

企业级人工智能技术在能源管理中的应用，涵盖数据处理、建模、计算和预测等多个关键环节，只有各环节之间高效协作和互惠互利，才能解决日常管理中面临的问题，为企业打造高效、可靠、可重复的成功之路。

数字经济时代，碳减排与经济发展不再是矛盾体，工业人工智能系统的能耗预测能力可以帮助工业行业实现碳减排。德国

Borderstep 研究所部署的预测性机器学习算法可节省 20% ~ 25% 的能源，其使用的机器学习方法完全基于顺序数据的测量，包括自回归模型、深度神经网络和递归神经网络。

（1）自回归模型具有周期性、不规律性和季节性，可以定义各种发展趋势。其中，要素工程师使用频率最高的方法可以将原始数据转化为关联要素，为预测算法制定任务，防止预测过程出现偏差。

（2）深度神经网络经过特殊训练，能自动地从大规模数据中提取特征，它适合处理大型数据集，快速找到匹配模式。

（3）递归神经网络不仅可以对时间跨度较大的数据序列进行处理，理解时间逻辑顺序，还能根据现有数据对未来发展趋势进行预测。

借助人工智能的支持，企业就能对能源消耗进行估算，对能源消耗方式进行预测，从而提高绿色能源占比，优化能源结构，真正实现节能减排。

IBM 公司的人工智能研究团队曾利用深度学习算法优化海上风电场的性能，他们收集海上风电场的温度、湿度、风速等数据并将其输入模型，对海上风电场的能耗进行精准预测，不仅降低了涡轮机的维护成本，还增加了绿色电力的产量。

工业企业是实施碳减排的重点行业，采用正确的方法对碳排放进行检测和预测，就能最终实现碳减排。因此，工业企业的碳减排可以从以下三个方面入手。

（1）对碳排放的检测。利用人工智能技术对运营、生产、供应、物流等环节的碳排放进行跟踪，并收集相关数据，再生成确实数据的近似值，保证碳排放数据检测无限接近最准确值。

（2）对碳排放的预测。基于企业碳减排工作的进展、新减排方法的确定和未来减排的具体需求，利用人工智能技术对企业未来的碳排放进行预测，科学设定碳减排目标，顺利实现碳减排目标。

（3）减少碳排放。在人工智能技术的辅助下，工业企业只要提高生产、供应、物流等环节的效率，就能减少碳排放。

以能源占比很高的冶金行业为例，只要实现了碳减排，就能节约生产成本。例如，美国东北部某钢铁企业为了减少碳排放，在生产工厂布置了数千个传感器，可收集数十亿个数据点。被收集的数据会被先后输入控制系统，对在生产过程中排放的废弃物进行实时追踪，并对能源需求进行精确计算。最终，企业减少了3%的碳排放量，节约了4000万美元的生产成本。

其实，除工业企业外，交通运输行业、能源行业、快消品行业、制造行业、公用事业行业等都可以利用人工智能实现碳减排。

结合能源管理的应用场景，我们还需要再次用描述性语言阐述具体做法。

运用人工智能技术，只要参考实时数据，对常见故障事项进行监测和分析，就能提前预测机器运行的瓶颈和弱点，预防维修和更换关键部件。如此，就能节省大量时间和物质资源，减少因不必要的停机和生产损失造成的影响。例如，钢铁厂借助这种预测性维护就能极大地减少损失。

利用 IoT 技术，结合人工智能算法，企业就可以从全局和多个变量入手，优化设备操作码表、安排各式工段，同时动态维护相应的能源效率。如此，就能提高企业活力，促进管控层深入了解实际应用环境中可能产生的挑战，使需求与供给更好地匹配。企业生产总有淡旺季和周期性规律，根据系统实现智能调度计划，也是节约能源的好方法。

能源管理系统（energy management system，EMS）是智能型制造理念内的重要组成质量之一，不仅能详细记录每一台设备的实际用能情况，还可以分析数据，控制能源的消耗。进行数字化改造以及运用 AI，企业就能通过 EMS 运用人工智能来模拟各种场景下的生产流程，精确计算能源消耗；同时，还能根据能源高低峰价差，采取一定的调整措施，减少资源消耗，同时支持人员即时监控各类数据及安全风险的发布。能源消耗监测可以帮助企业找到自己使用能源的规律，从而实现自动化运作。

对于港口企业中一些面积较大的应用场景，企业内部和城区还会发展出智能能源路线规划。"智能能源交通"是指对电、气、替代能源车辆等能源形态进行科学适配和动态调节，可以最大程度地减少资源的消耗，提升能源使用效益。

对于美团这样的数字化众包企业来说，借助智能能源系统，骑手就能节省时间和电力，公司运用人工智能算法，就能对历史数据等因素进行分析，之后优化和调整运输路线、货物体积、载重量等参数。

在更远的未来，这些企业级的人工智能会进行大融合，骑手这样的职业会被机器人取代，服务机器人将成为街上和路上的风景，人们会去寻找更加适合自己的工作，但新的工作一定是人和人工智能的结合。

参考文献

[1] 钟华. 数字化转型的道与术: 以平台思维为核心支撑企业战略可持续发展 [M]. 北京: 机械工业出版社, 2020.

[2] 喻旭. 企业数字化转型指南: 场景分析 +IT 实施 ＋组织变革 [M]. 北京: 清华大学出版社, 2021.

[3] 华为企业架构与变革管理部. 华为数字化转型之道 [M]. 北京: 机械工业出版社, 2022.

[4] 哈伯德. 数据化决策 [M]. 3 版. 邓洪涛, 王正林, 译. 北京: 中国科学技术出版社, 2022.

[5] 尼葛洛庞帝. 数字化生存 [M]. 胡泳, 范海燕, 译. 北京: 电子工业出版社, 2021.

[6] 西贝尔. 认识数字化转型 [M]. 毕崇毅, 译. 北京: 机械工业出版社, 2022.

[7] 国务院发展研究中心创新发展研究部. 数字化转型: 发展与政策 [M]. 北京: 中国发展出版社, 2022.

[8] 萨尔德哈. 数字化转型路线图：智能商业实操手册 [M]. 赵剑波，邓洲，译. 北京：机械工业出版社，2022.

[9] 朱海平. 数字化与智能化车间 [M]. 北京:清华大学出版社，2021.

[10] 许德松，邹俊. 企业数字化转型：新时代创新赋能 [M]. 北京：清华大学出版社，2023.

[11] 丁奉. 数字搏击 [M]. 西安：太白文艺出版社，2020.

[12] 谢仁杰，邓斌. 数字化路径：从蓝图到实施图 [M]. 北京：人民邮电出版社，2021.